아이디어를 실천해 더 큰 세상과 만나다

소셜 네트워크

과학동아북스

소셜 네트워크 아이디어를 실천해 더 큰 세상과 만나다

초판 1쇄 발행 2012년 8월 20일
초판 2쇄 발행 2012년 10월 10일

지은이	마샤 아미든 러스티드
옮긴이	윤신영
감수	몬타나 밀러(오하이오 볼링그린주립대 대중문화학과 교수)
펴낸이	김두희

총괄이사	허두영
기획·편집	이명준 송지혜
디지털출판	양길식 변유경
외주디자인	블룸
마케팅본부장	이경민
출판마케팅팀장	김재필
출판마케팅팀	이상민 이정희 이성우 김지원
제작	박주현

펴낸곳	(주)동아사이언스
등록일	2001년 3월 15일(제312-2001-000112호)
주소	(120-715) 서울시 서대문구 충정로 29 동아일보사 16층
전화	(마케팅) 02-3148-0773 (편집) 02-3148-0833
팩스	02-3148-0809
이메일	books@dongaScience.com
홈페이지	www.dongaScience.com

© 동아사이언스 2012

ISBN 978-89-6286-090-0 (14300)

※ 책 가격은 뒤표지에 있습니다.
※ 잘못된 책은 바꿔 드립니다.

 과학동아북스는 과학문화창조기업 (주)동아사이언스의 출판 브랜드입니다.
다양한 콘텐츠를 바탕으로 유익한 과학책을 만들고자 노력하고 있습니다.

아이디어를 실천해 더 큰 세상과 만나다

소셜 네트워크

마샤 아미든 러스티드 지음

윤신영 옮김

과학동아북스

 차례

SOCIAL NETWORKING

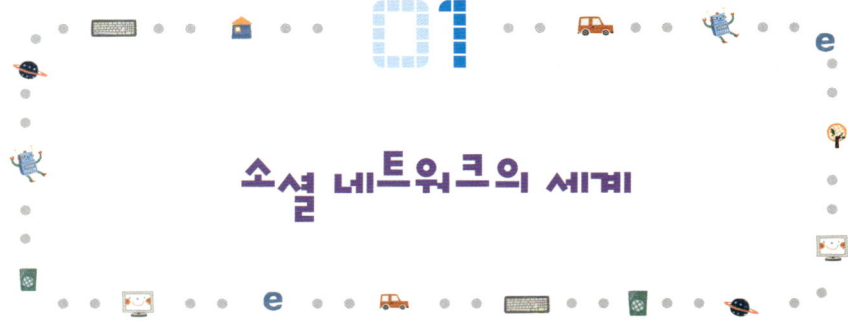

소셜 네트워크의 세계

오늘날 전 세계의 많은 사람에게 소셜 네트워크는 일상이 됐다. 사람들은 학교나 직장에서 돌아와 컴퓨터를 켜고 페이스북이나 마이스페이스현재 한국어로 서비스하지 않음, 트위터에 접속한다. 편안한 분위기 속에서 트위터에 자신의 상태를 올리거나 말을 걸어 친구들과 대화를 하기도 한다. 페이스북이나 마이스페이스에서 친구들의 최신 소식을 듣고 담벼락 게시물을 읽는다. 멋진 새 사진을 웹 앨범

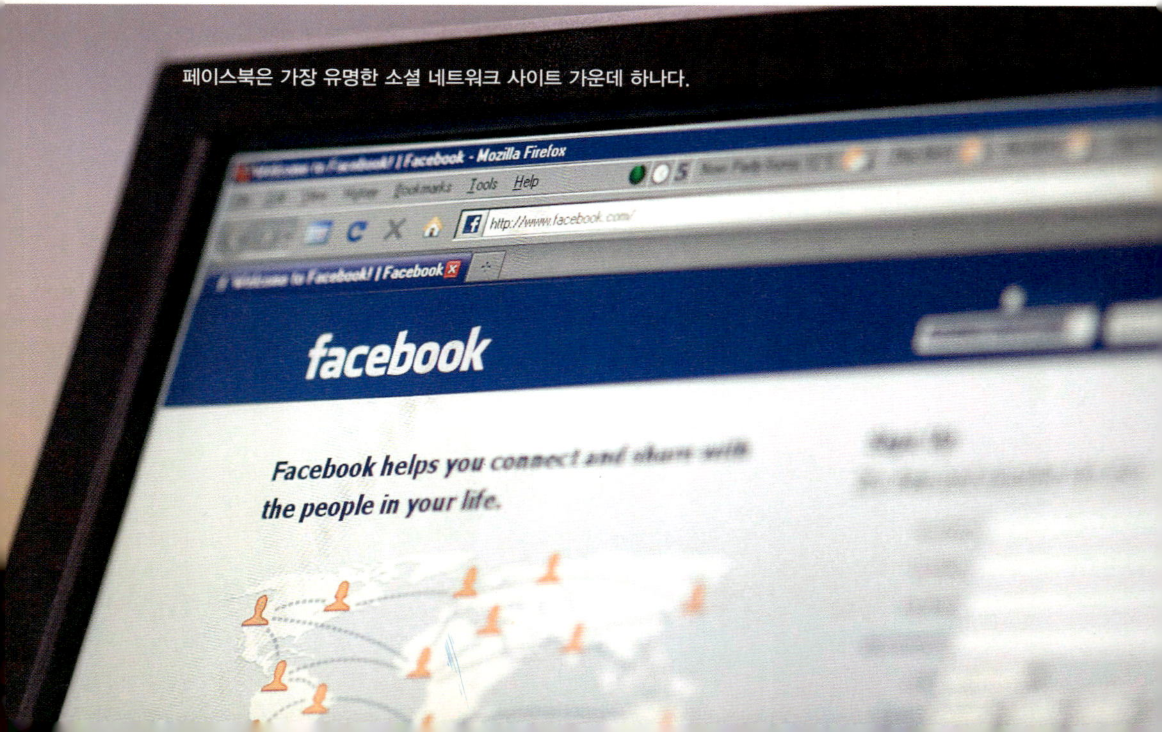

페이스북은 가장 유명한 소셜 네트워크 사이트 가운데 하나다.

facebook

Facebook helps you connect and share with the people in your life.

에 올리거나 공유한다. 다른 누군가와 친구가 되기 위해 '친구 초대'에 응할 수도 있고, 오랫동안 연락하지 않은 사람에게 메시지를 보낼 수도 있다. 반 친구들이 접속 중이라면 숙제를 하면서 함께 채팅을 할 수도 있을 것이다. 젊은 사용자들만 소셜 네트워크를 사용하는 것은 아니다. 친척과 사진을 공유하거나 오랜 대학 친구들과 다시 연락을 주고받는 부모님도 있다.

마이스페이스와 페이스북은 인터넷상에서 자신의 공간을 가질 수 있게 해 준다. 사용자들은 자신의 개인 정보와 사진을 가지고 개인 정보 페이지프로필 페이지를 만들 수 있다. 또한, 친구들과 쉽게 연락을 주고받을 수 있다. 심지어 누군가 상태를 업데이트하거나 메시지를 보내면 이메일이나 휴대전화 문자로 알림 메시지를 받는다. 페이스북 사용자들과 달리, 마이스페이스 사용자들은 알록달록한 블로그*를 만들고 게시물을 친구들에게 보낼 수 있다. 편집 도구를 이용해 프로필 페이지를 가장 좋아하는 색과 음악으로 꾸민다.

많은 사람에게 정보를 빨리 보내고 싶은 사람에게는 트위터가 있다. 트위터는 시스템 자체가 글의 길이를 제한하여 아주 짧은 메시지를 이용해야 하는 '마이크로 블로그'다. 사용자는 인터넷에 접속한 사람 모두에게 동시에 메시지를 보내거나, 반대로 그들로부

블로그 자신의 관심거리에 따라 자유롭게 기사, 정보, 일기 등을 올리는 웹 사이트

터 메시지를 받을 수 있다. 메시지는 길이가 140자로 제한된다. 이런 방식으로 자신의 상태를 짧게 표현할 수도 있고, 여러 사람이 함께 대화에 참여하도록 이끌어 낼 수 있다. 트위터에 게시하는 글'트윗(tweet)'이라고 한다은 문자로만 이뤄져 있다. 하지만 사용자들은 '트윗픽twitpic'이라는 서비스를 통해 쉽게 사진을 올릴 수 있다. 다

소셜 네트워크의 탄생

사람들 대부분은 온라인 네트워크가 21세기 전에는 없었던 것으로 오해하고 있다. 하지만 1980년대에도 사람들은 전자게시판BBS을 통해 서로 연락을 주고받고 있었다. 이런 사이트는 대부분 무료였고, 컴퓨터를 취미로 하는 사람이 운영했다. 사람들은 여기에 정보를 올리고 토론을 벌였다. 게시판 참여자는 대부분 비슷한 지역에 사는 사람들이었다. 전화선을 이용해 먼 지역에 있는 사람과 인터넷에 연결하면 많은 요금을 내야 했기 때문이다.

또 다른 초기 양 방향 서비스로는 '컴퓨서브Compuserve'가 있다. 이 서비스는 1970년대에 기업을 위한 컴퓨터 기반 통신 서비스로 출발했다. 훗날 아메리카 온라인AOL이나 야후, 구글 같은 인터넷 서비스 회사와 검색엔진 회사들은 사용자들끼리 교류할 수 있는 회원용 사이트를 만들었다. 오늘날의 페이스북이나 마이스페이스와 같은 진정한 의미의 소셜 네트워크 서비스 가운데 처음 나온 것은 1997년 탄생한 '식스디그리SixDegree.com'다. 여기서 사람들은 친구 목록을 만들고 메시지를 보내며 개인 정보 페이지프로필를 만들 수 있다. 식스디그리는 2000년에 사업을 접었지만, 곧이어 다른 소셜 네트워크 사이트가 나타났다. 1999년에 '라이브저널LiveJournal'이, 2002년에 '프렌드스터Friendster'가, 2003년에 '마이스페이스MySpace'가, 2004년에 '페이스북Facebook'이, 그리고 2006년에 '트위터Twitter'가 등장했다.

른 콘텐츠를 담은 링크를 트윗에 포함시킬 수도 있다. 마이스페이스나 페이스북에서와 마찬가지로, 인터넷에 있는 사람이 지나치거나 성가시다고 여겨질 때는 메시지 수신과 차단 여부를 선택할 수 있다.

늘어가는 커뮤니케이션 수단

페이스북, 마이스페이스, 트위터 등 소셜 네트워크 사이트는 일상생활과 사회 관계에 깊은 충격을 몰고 왔다. 이 사이트들은 중요한 질문도 제기했다. 소셜 네트워크 사이트는 사람들이 연락을 주고받고 생각을 나누기에 바람직한 방법일까? 아니면 얼굴을 맞대지 않고 온라인에서만 연락하도록 만들어 사람들을 더욱더 고립시켰을까? 많은 사람이 소셜 네트워크 사이트가 사람들의 개인 정보를 유출하거나 프라이버시를 위협하며, 특히 젊은 사람들이 각종 온라인 범죄에 노출될 우려가 높다고 생각한다. 말도 많고 탈도 많지만, 소셜 네트워크 사이트는 사람들 간 의사소통을 위한 가장 쉬운 방법 중 하나가 됐다.

2010년 통계에 따르면, 페이스북은 5억 명이 넘는 사용자2012년 6월까지 9억 5500만 명 정도(역자 주)가 활동하고 있다. 마이스페이스 가입자 수는 1억 2200만 명이 넘는다. 트위터 웹 사이트의 트래픽_{정보량}은 2009년 하루 250만 트윗에서 2010년 2월 5000만 트윗으로 늘어났다_{2012년 3월경 하루 3억 4000만 트윗(역자 주)}. 소셜 네트워크는 이제 전 세계 대중문화의 하나로 자리매김 했다.

비즈니스 기회

소셜 네트워크 사이트는 원래 사업이나 기업을 위해서가 아니라 개인적인 교류를 위해 생겨났다. 그러나 이들 사이트는 상품이나 서

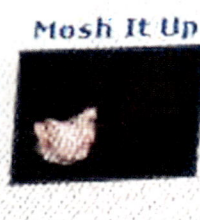

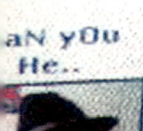

비스를 시장에 내놓을 때 유용하게 사용될 수 있는 도구다. 사이트 페이지에 광고를 올리거나, 페이스북에 상품, 음악 그룹, 회사 팬 페이지 등을 운영할 수 있는데, 이렇게 해서 기업은 전통적인 웹 사이트나 인쇄 매체, 텔레비전을 이용할 때보다 저렴한 비용으로 널리 광고를 할 수 있다.

더 많은 사람이 소셜 네트워크 사이트에 가입하면 광고비도 늘어난다. 페이스북만 봐도, 광고 회사들은 2008년 3억 500만 달러를 썼다. 이는 2007년에 비해 두 배나 늘어난 양이다. 소셜 네트워크를 통한 광고는 속임수를 쓰곤 한다. 사용자들은 이런 사이트가 광고량이 많다고 불만을 품고 있기 때문이다. 소셜 네트워크 서비스에서 이뤄지는 대부분의 광고는 잡지처럼 웹 페이지 옆에 나타나는 배너 광고로 제한되어

컴퓨서브

컴퓨서브는 대중에게 네트워크를 선보이고, 오늘날의 웹 사이트에서 볼 수 있는 '교류'를 체험하게 한 선구적인 기업 가운데 하나다. 과학기술 전문작가인 크리스토퍼 닉슨은 컴퓨서브만이 했던 중요한 역할을 이렇게 묘사하고 있다.

"컴퓨서브는 회원들이 파일을 공유할 수 있게 했고 뉴스를 제공했으며 여러 가지 이벤트를 열어줬다. 또 이전에는 거의 볼 수 없던 진정한 의미의 교류가 이뤄지도록 해 줬다. 사람들은 친구들에게 메시지를 보낼 수 있을 뿐 아니라, …… 컴퓨서브가 중요 주제에 대해 개최한 수천 개의 토론 포럼에 참석해 수천 명의 다른 회원들과 논쟁을 벌일 수 있었다. 이런 포럼은 대단히 인기가 좋았고, 오늘날 우리가 알고 있는 다른 비슷한 사이트의 기틀을 마련했다."

있다. 이런 광고는 사용자들이 자기 소개에 쓴 내용을 바탕으로 대상을 결정한다. 예를 들어 미혼인 사용자에게는 결혼 정보 광고를 보여 준다. 대신 '약혼' 상태로 설정해 놓은 사용자에게는 결혼 용품점 광고를 틀어 준다. 이런 방법은 많은 사용자를 화나게 만들었다. 사람들은 소셜 네트워크 서비스 회사들이 개인 정보를 마케팅 업체에 팔아 넘겼다고 생각하기 때문이다.

소셜 네트워크의 대표주자들

소셜 네트워크 사이트 가운데 마이스페이스, 페이스북, 트위터가 가장 인기가 높아 사용량도 많다. 누가 이 사이트들을 생각해 냈을까. 지역에서 소규모로 시작한 네트워크가 어떻게 소셜 네트워크 계의 거인이 될 수 있었을까. 이 사이트와 사이트 제작자의 이야기는 격렬한 라이벌 관계의 이야기이자, 수백만 달러가 걸린 사업과 회사의 명운을 건 투쟁의 이야기다. 스스로를 그저 '친구 만나러 가는 곳'이라고 부르는 한 웹 사이트부터 이야기를 시작해 보자. 마이스페이스는 새로운 형태의 사회적 교류를 애타게 찾던 사람들의 욕구를 정확히 만족시켰다.

트위터는 사용자에게 가장 최근 상태를 올릴 수 있게 되어 있다.

금융 전문가에서
마이스페이스 설립자로

한 명은 고등학교 농구부와 테니스부의 운동선수, 다른 한 명은 록 밴드에서 연주하는 고등학교 중퇴자. 이상한 콤비 같아 보인다. 하지만 크리스 드월프와 톰 앤더슨은 세계에서 가장 유명한 소셜 네트워크 사이트 중 하나인 마이스페이스를 함께 만들었다.

크리스 드월프는 마이스페이스의
아이디어를 처음 생각해 냈다.

번뜩이는 아이디어

크리스 드월프는 1965년 12월 오리건 주 포틀랜드에서 태어나 자랐다. 그의 부모는 둘 다 교사였다. 아버지 프레드 드월프는 몇 권의 포틀랜드 역사서를 쓴 역사학자였고, 어머니 브리깃은 지역 대학에서 독일어를 가르쳤다. 크리스와 형 앤드류는 포틀랜드의 공립 학교를 다녔다. 고등학생이 되자 크리스는 농구와 테니스 대표 선수가 됐고, 형과 함께 주 테니스 챔피언 대회에 출전하기도 했다.

크리스는 1984년 고등학교를 졸업했다. 부모는 그가 자신들의 뒤를 따라 교사가 되기를 원했지만 크리스는 흥미가 없었다. 대신 시애틀에 있는 워싱턴 대학교에서 금융학을 전공했다. 1988년 졸업한 뒤에는 샌프란시스코만 주위를 떠돌며 방랑 생활을 했다. 제대로 계획을 세워 인생을 살라는 부모님의 성화에 못 이겨 그는 남캘리포니아 대학교USC 경영대학원

기술이 아니라 사람

크리스 드월프는 웹 사이트와 인터넷에 대해서라면 그다지 뛰어난 기술자는 아니었다. 하지만 재능 있는 사람을 찾아 팀을 만들고, 각자의 재능을 발굴해 적절한 위치에 배치할 줄 알았다. 이 사람들이 바로 드월프가 나중에 마이스페이스를 만들 때 도움을 줬다. 드월프의 마이스페이스에 있는 자신의 페이지에 이렇게 썼다. "나는 내 주변에 창의적이고 재미있는, 열광적인 사람들이 많은 게 좋다."

톰 앤더슨은 2000년에 크리스 드월프를 처음 만났다.

경영학 석사 과정에 들어갔다. 대학원에 있던 1997년, 드월프는 훗날 '마이스페이스'의 아이디어를 제공한 수업을 듣게 됐다. 수업 제목은 '미디어, 연예 산업과 테크놀로지의 영향'이었고, 여기서 만든 보고서가 훗날 큰 힌트가 됐다. 드월프는 이렇게 말했다.

수업에서 나는 내가 '사이트 가이스트Site Geist, '사이트의 혼'이라는 뜻'라고 이름 붙인 어떤 회사에 대한 보고서를 썼다. 주

요 내용은 이렇다. 모든 도시에 인터넷 커뮤니티를 설치해 사람들이 퇴근 뒤의 저녁 시간에 쇼핑, 연예 등의 관심사를 나누게 하자는 것이었다. 그럴려면 뭔가 서로 연락을 주고받을 도구가 있어야 했다. 이메일과 인스턴트 메신저도 거기에 포함됐다.

드월프는 보고서에서 좋은 점수를 받았다. 그리고 훗날 그 수업을 진행했던 폴 브리콜트 교수를 마이스페이스 홍보 팀에 합류시켰다.

현실 세계로

1997년 경영대학원을 졸업한 뒤, 드월프는 로레인 히첼버거와 결혼했다. 젊은 부부는 캘리포니아의 파사데나로 이사했다. 드월프는 어려서부터 친구인 앤드류 비더호른의 회사 월트셔 금융 서비스에 취직해 신용카드 부서의 담당자가 됐다. 그는 열심히 일해서 부서의 수익을 늘렸다. 하지만 곧 일에 싫증을 느꼈고, 긴 통근 시간에 지쳤다. 그 무렵은 인터넷 혁명이 일어나고 있던 시기였다. 드월프는 그 흥분된 현장에 참여하고 싶었다.

1999년, 그는 월트셔 금융 서비스를 떠나 엑스드라이브XDrive라는 새 회사의 마케팅 부장이 됐다. 그때 대부분 사람들은 컴퓨터 파일을 보관하기 위한 백업 디스크를 살 엄두를 못 내고 있었다. 엑스드라이브는 무료로 백업 서비스를 제공하고, 대신 사이트에 광고를 넣어서 돈을 벌었다. 한창 때 회사는 직원을 300명 가까이 거느렸다. 사무실이 워낙 넓어서 직원들은 스쿠터를 타고 돌아다녔다. 드월프는 이 회사에서 소비자 마케팅 그룹 80명의 책임자였다. 회사 서비스도 마케팅하고 최신 과학기술 정보를 담은 '지식의 최전선Intelligent X'이라는 뉴스레터도 만들었다. 그들은 이 뉴스레터에 광고를 넣어 돈을 벌 계획이었다.

한편, 에스콘디도에서는……

드월프보다 다섯 살 젊은 톰 앤더슨-그는 언젠가 마이스페이스 팀의 다른 한 명의 파트너가 된다-은 1970년 캘리포니아 주 에스콘디도에서 태어났다. 그의 아버지는 사업가였고, 앤더슨에 따르면 '굉장한 아이디어가 샘솟는' 사람이었다. 고등학교에 다닐 때 앤더슨은 컴퓨터와, 소셜 네트워크 사이트의 전신인 온라인 게시판 시스템BBS이라는 새로운 세계에 푹 빠졌다. 앤더슨은 대학생 나이의

컴퓨터 해커 몇 명과 친구가 됐다. 그는 해킹으로 체포까지 된 적 은 없지만, FBI에게 컴퓨터를 압류당했다. 나중에 앤더슨은 고등학 교를 중퇴하고 '톱햇Top Hatt'이라는 록밴드 활동을 시작했다. 1989 년에는 컴퓨터 소프트웨어에 대한 기술서적을 펴내기도 했다.

앤더슨은 학교로 돌아갔다. UC버클리*에서 영문학과 수사학을

UC버클리 캘리포니아 대학교 버클리 캠퍼스

공부한 뒤 1998년 졸업하고, 샌프란시스코로 이사해 '스웽크Swank' 라는 밴드에서 활동했다. 그는 UCLA*에서 영화학을 공부했고, 몇 달간 타이완에서 살기도 했다.

만남

2000년 어느 날 앤더슨은 동네를 걷다가 누구든 광고를 보고 연락을 하면 20달러를 준다는 광고지를 주웠다. 빚도 있고 싱가포르를 여행할 계획이라 돈이 필요했던 앤더슨은 곧바로 연락했다. 광고는 엑스드라이브의 제품을 시험하는 포커스 그룹 인터뷰표적 집단 면접(역자 주)*에 관한 것이었다. 인터뷰를 진행한 사람은 앤더슨에게 깊은 인상을 받았고, 그를 광고 카피라이터로 채용했다.

앤더슨은 몇 주만 일하고 급히 필요한 돈을 마련하고 나면 일을 그만둘 생각이었다. 하지만 곧 드월프의 눈에 들었다. 새로운 제품을 시험할 때, 앤더슨은 새 제품이 사용자에게 어떤 문제가 있는지 간략하게 설명하는 능력이 돋보였다. 드월프는 깊은 인상을 받았

UCLA 캘리포니아 대학교 로스앤젤레스 캠퍼스
표적 집단 면접 10명 정도의 사람을 모아 집중적으로 제품에 대해 토론해 문제점을 밝히는 조사 방법

고, 앤더슨에게 엑스드라이브의 마케팅 일을 제안했다.

앤더슨은 엑스드라이브와 함께 처음 일을 하기 시작했다. 하지만 그보다 중요한 게 있다. 드월프와의 만남으로 성공하게 되었으며 세계에서 가장 큰 소셜 네트워크 사이트의 공동 창업자라는 영예를 얻었다는 사실이다.

앤더슨과 드월프는 엑스드라이브 사에서 동료로서 함께 일했다.

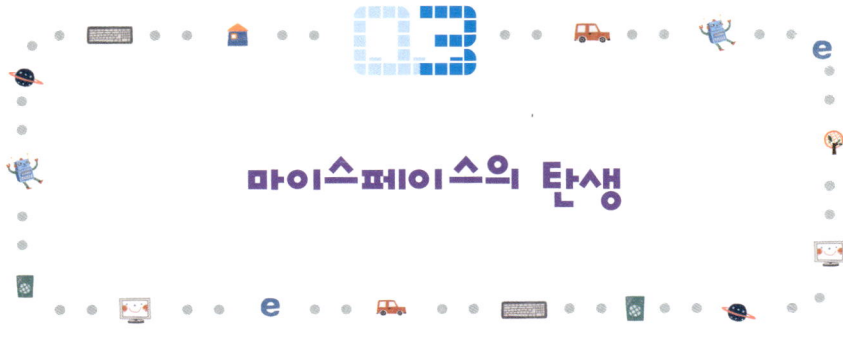

마이스페이스의 탄생

2001년, 드월프와 앤더슨이 일하던 엑스드라이브의 경영 사정이
나빠졌다. 1998년부터 2000년까지 소위 닷컴 버블* 기간에, 엑스
드라이브와 비슷한 회사가 셀 수 없이 많이 생겨났다. 많은 회사가
인터넷의 새로운 호황기를 틈타 돈을 벌었다. 이 회사들은 대부분
투자자로부터 돈을 빌려 운영했다. 광고주와 고객이 요금을 내면

드월프는 엑스드라이브 사에서 일하는 중에 '마이스페이스닷컴' 도메인 이름을 샀다.

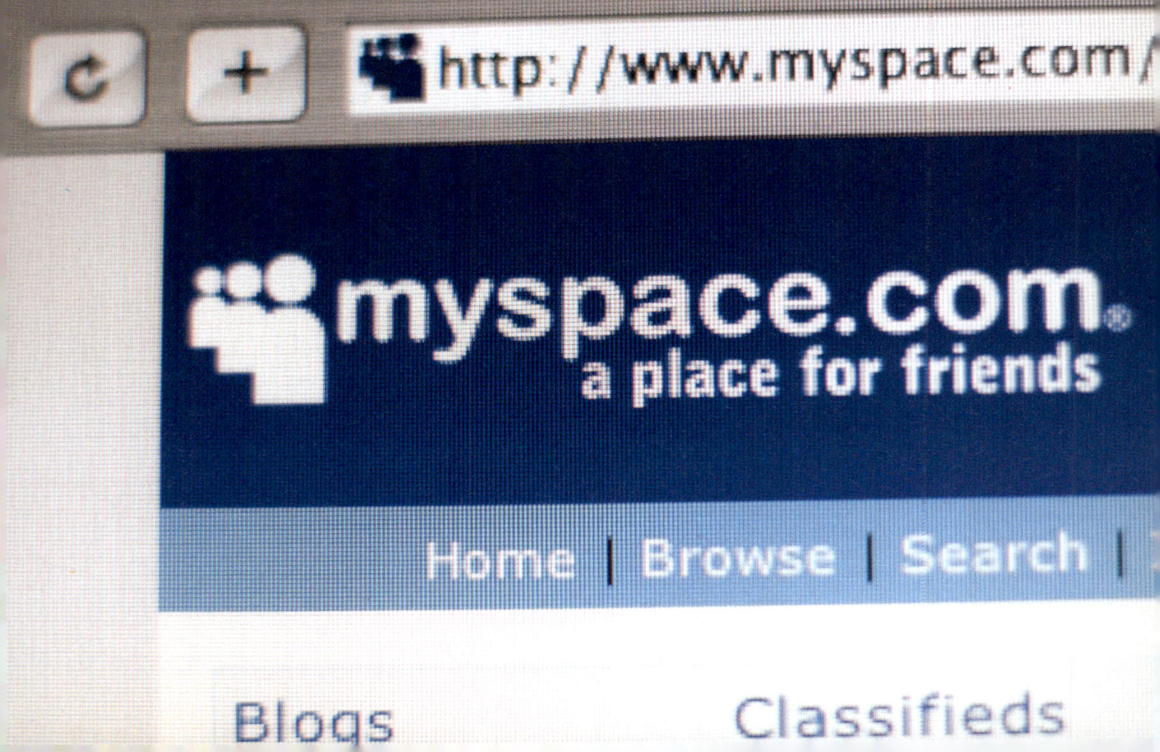

http://www.myspace.com/

myspace.com®
a place for friends

Home | Browse | Search

Blogs   Classifieds

나중에 큰 돈을 벌 것이라고 생각했기 때문에 미리 돈을 끌어 썼다. 이런 기업들은 시작할 때 엄청난 돈이 필요했다. 닷컴 마케팅의 과열 덕분에 투자자들은 기꺼이 돈을 제공했고, 회사 주가는 빠르게 올랐다. 하지만 많은 회사가 이윤을 남기는 데 실패했다. 결국 닷컴 버블은 무너졌다. 수백 개의 인터넷 기반 회사들이 파산 신청을 하고 사업을 접어야 했다.

닷컴 버블이 붕괴된 뒤, 전에 인터넷 광고에 투자를 많이 했던 광고주들은 다른 곳을 찾았다. 엑스드라이브도 광고 수익이 낮아져 경영상 어려움을 겪었다. 엑스드라이브의 백업 저장 서비스를 등록한 고객도 계속해서 줄었다.

닷컴 버블 1995년부터 2000년에 걸쳐 인터넷 분야가 성장하면서 주식 시장에서 주식 가격이 급격하게 상승했던 거품 경제 현상

2001년 2월, 엑스드라이브는 칼 클레시그를 새로운 부회장으로 고용했다. 클레시그는 엑스드라이브의 마케팅 부서의 규모와 회사가 매달 지출하는 금액을 보고 경악했다. 그는 앤더슨과 드월프를 포함해 마케팅 부서 전원을 해고하기로 결정했다. 하지만 이러한 결정도 회사를 살려 내는 데 도움이 되지 않았다. 일 년 뒤 엑스드라이브는 파산 절차를 밟았다.

새로운 모험

드월프와 앤더슨이 직장을 잃은 무렵 IT 산업에 종사하는 사람에게는 최악의 시기였다. 투자자들은 더는 새 사업에 지갑을 열지 않았다. 인터넷 기반 회사들은 살아남기 위해 직원들을 해고했다. 이렇게 경제 상황이 좋지 않았지만, 드월프는 자신만의 새로운 인터넷 벤처 사업을 해 보기로 마음먹었다. 이

'마이스페이스'라는 이름

2001년, 드월프는 자신의 옛 회사였던 엑스드라이브의 라이벌 기업 마이스페이스의 도메인 이름을 샀다. 이 회사는 원래 드월프의 첫 이메일 상담 고객이었지만, 2001년 6월 자금이 떨어지자 웹 사이트 문을 닫았다. 드월프는 5000달러에 도메인을 샀는데, 당시에는 이것으로 무엇을 할 것인지 아무 계획이 없었다.

름은 '리스폰스 베이스Response Base'였다. 그는 회사에 대한 충성심과 팀워크를 중시했기 때문에 엑스드라이브 사에서 함께 일했던 사람들을 몇 명 고용했다. 앤더슨도 여기에 포함되어 있었다. 리스폰스 베이스는 이메일을 대량으로 고객에게 보내 제품이나 서비스의 광고를 하는, 즉 소위 '스팸 메일'을 발송하는 마케팅 회사였다. 회사가 하려는 사업 방법은 문제의 소지가 있었다. 그들은 광고를 받겠다고 동의한 적이 없는 사람들에게도 메일을 보냈다. 『마이스페이스 훔치기』의 저자 줄리아 앵윈은 이렇게 말했다.

> 당시 스팸 메일과 등록된 이메일 사이의 경계는 아직 희미했다. …… 극단적인 경우는 마케팅 전문가들이었다. …… 그들은 정당한 방법으로 정보를 요청한 고객에게 수백만 통의 메일을 보냈다. 그러면 즉각 목록에서 빼 달라는 영광스러운 요청이 쇄도했다. 또 다른 극단은 해외에서 오는 스팸 메일이었다. 이런 메일은 훔친 이메일 주소를 이용하는데, 수신자가 요청한 적이 없는 이메일을 수백만 통씩 뿌려댔다. 이 두 극단 사이에는 각기 다른 다양한 전략으로 무장한 수많은 마케팅 전문가가 포진해 있었다. 드월프도 그중 한 명이었다.

회사는 고객을 위해 마케팅 소식지를 만들기 시작했다. 그런 뒤 고객이 될 수 있는 사람들에게 이메일을 보냈다. 곧 자신의 서비스를 알리는 광고 이메일도 보냈고 웹 사이트도 만들었다. 아직 회사에 고객 리스트가 없었어서 엑스드라이브 전 직원들이 회사를 떠날 때 복사해서 나온 구독자 정보를 이용했다. 요청하지도 않은 이메일을 보냈다는 이유로 회사는 많은 불평을 들었다. 하지만 그들은 엑스드라이브에 등록했던 사람들에게 계속 스팸 메일을 보냈다.

이런 뻔뻔한 전략을 유지했던 리스폰스 베이스는 빠르게 3000만 명이 넘는 이메일 주소를 확보할 수 있었고 꾸준히 돈을 벌었다. 회사는 전자출판물을 파는 사업을 추가했고, 고객들에게 다른 사람의 컴퓨터를 엿볼 수 있는 스파이웨어도 팔았다.

앤더슨은 온라인에서 팔 상품을 찾기 위해 중국을 여행했다. 리스폰스 베이스의 수익은 빠르게 성장했다. '이-유니버스 e-Universe'라는 그룹은 리스폰스 베이스의 성공을 주목했고 리스폰스 베이스를 사고 싶어했다.

마이스페이스의 탄생

2002년 9월, 이-유니버스는 리스폰스 베이스를 사들였다. 불행히도 이-유니버스는 평판이 좋은 회사가 아니었다. 다른 웹 사이트를 따라 한 조잡한 웹 사이트로 돈을 버는 모방 전문 회사였다. 리스폰스 베이스와 마찬가지로, 이 회사도 완전히 명예롭지는 못한 사업을 펼치며 인터넷 세계의 구석에 자리잡고 있었다. 특정 웹 사이트를 방문하거나 멋진 커서 모양 같은 아이템을 무료로 내려받을 때 컴퓨터에 몰래 설치하는 스파이웨어도 팔았다.

이-유니버스의 형편없는 평판에도 불구하고, 둘의 동업 관계는 한동안 견고했다. 하지만 2003년, 리스폰스 베이스는 이-유니버스를 만족시킬 만큼 수익을 내지 못했다. 드월프와 앤더슨은 새로운 아이디어를 생각하기 시작했다. 그들은 맞선 사이트와 학급 친구를 찾아 주는 사이트 등 몇 가지 아이디어를 냈다. 결국 그들은 인터넷에서 새로운 트렌드로 뜨고 있던 소셜 네트워크 사이트인 '프렌드

스터 Friendster.com'를 떠올렸고, 이들과 경쟁할 수 있는 새로운 웹 사이트를 만들기로 했다. 드월프와 앤더슨은 한 인터뷰에서 마이스페이스 아이디어를 떠올린 과정을 이렇게 묘사했다.

> "톰은 아이디어가 백만 개는 될 거예요. 그중 몇 개는 꽤 괜찮죠." 드월프가 말했다. "그중 일부는 약간 우스꽝스럽기도 하죠. 하지만, 그게 아주 걸작 아이디어였어요."
> "초기 단계만 보면, 스테로이드 호르몬이나 뭐 그런 것에 대한 메일 같았어요." 앤더슨이 말했다. "누구든 찾을 수 있고, 사진도 있고, 한꺼번에 여러 명의 사람들과 이야기할 수도 있었어요. 멋진 아이디어였죠."

음악 산업에 연줄이 있던 앤더슨은 새로운 네트워크 사이트를 음악인들끼리 서로 어울릴 수 있고, 개인 홈페이지에서 음악 파일도 빠르게 올릴 수 있는 곳으로 만들려고 했다. 또 규칙은 최소한으로 정했다. 당시 프렌드스터는 사용자 자신의 모습을 직접적으로 보여 주지 않는 애완동물이나 좋아하는 텔레비전 캐릭터로 프로필을 올리면 삭제하고 있었다. 앤더슨은 이렇게 말했다.

> 프렌드스터에서는, 만약 당신이 밴드를 하고 있다고 해서

밴드 프로필을 만들면 지워 버립니다. …… 만약 당신이 회사 프로필을 만들거나 이웃에 살고 있는 사람이나 사는 곳, 아이디어로 프로필을 만들어도 지우죠. 하지만 우리는 처음부터 사람들이 밴드를 위한 프로필을 만들 수도 있겠다 생각했습니다. 그래서 사람들에게 사이트를 원하는 대로 사용할 수 있게 했습니다.

프렌드스터

프렌드스터는 2002년에 프로그래머인 조나단 에이브럼스와 크리스 임마누엘이 만들었다. 여기에서 사람들은 서로의 프로필 정보를 온라인상에서 안전하고 쉽게 찾을 수 있었다. 그래서 친구는 물론 친구의 친구까지 현실에서보다 빠르게 만나고 연락을 주고받았다. 2003년, 프렌드스터의 사용자는 300만이 넘었다. 2010년에는 1억 1500만 회원을 확보했고 아시아에서 가장 유명한 소셜 네트워크 사이트가 됐다.

하지만 미국에서 프렌드스터는 마이스페이스와 페이스북에게 빠르게 추월당하고 있었다. 사이트 접속 속도가 느리다는 점이 그 이유 중 하나였다. 웹 페이지를 새로 여는데 거의 1분이나 걸렸는데, 이런 느린 속도는 사이트의 다른 기능을 구현하는데 걸림돌이 됐다. 블로그나 다른 도구를 덧붙이려면 시스템 부담이 가중되기 때문이다. 또 프렌드스터는 폐쇄적인 시스템이었다. 사람들은 자신과 직접 관련이 있는 프로필만 보여줄 수 있었다. 반면 마이스페이스는 어떤 프로필이든 원하는 대로 보여줄 수 있었다. 미국 사용자들은 프렌드스터 대신, 프로필 조절이 자유롭고 창의적인 환경으로 가득 찬 마이스페이스와 페이스북으로 옮겨갔다.

드월프와 앤더슨은 새로운 사이트를 마이스페이스라고 이름 붙였다. 드월프가 온라인 저장 회사에서 1년 전에 사둔 도메인 이름이었다. 2003년 8월 15일, 마이스페이스가 문을 열었다. 드월프는 이-유니버스의 사장에게 그날 오후 이메일을 보냈다. "우리는 마이스페이스를 열었습니다. 버그투성이입니다만, 버그를 찾는 가장 좋은 방법은 사람들이 이용하고 의견을 보내게 하는 거죠." 획기적인 웹 사이트가 이렇게 공식적으로 운영에 들어갔다.

음악을 위한 곳

마이스페이스의 창립자인 톰 앤더슨은 시작부터 마이스페이스가 음악인들에게 유리한 환경을 제공해 줄 것이라고 생각했다. 처음 몇 달만에 마이스페이스는 음악인들과 팬들을 사로잡았다. 전에는 별로 유명하지 않았던 두 영국 밴드 '악틱 몽키스 the Arctic Monkeys', '클랩유어핸즈세이예Clap Your Hands Say Yeah'는 자신들의 성공이 마이스페이스 페이지 덕분이라고 생각했다. 마이스페이스 페이지는 라디오 연주나 라이브 콘서트처럼 전통적인 수단보다 음악을 빠르게 알릴 수 있다. 기존 밴드들도 새 곡을 발표려고 마이스페이스를 이용하기도 한다.

유명한 영국 밴드 '악틱 몽키스'는 자신의 성공을 마이스페이스 덕분이라고 했다.

04

성장하는 마이스페이스

2005년 1월, 마이스페이스에 등록한 사용자가 1000만 명을 넘어섰다. 인터넷은 더는 사람들이 콘텐츠를 생산과 소비 중 어느 하나만 담당하는 곳이 아니었다. 마이스페이스의 사용자들은 둘 다 가능했다.

2006년, 앤더슨과 드월프가 NBC의 텔레비전 쇼 '투데이'에 출연했다.

성장통

마이스페이스가 많은 인기를 얻으면서 그에 걸맞는 성장통을 겪었다. 수석 개발자가 회사를 그만두자 회사는 중대한 위기를 맞았다. 그 개발자는 마이스페이스를 '펄'이라는 컴퓨터 프로그래밍 언어를 이용해 만들었는데, 회사 내 어느 누구도 그 프로그램을 알지 못했다. 사이트 전체를 '콜드퓨전'이라는 프로그래밍 언어로 처음부터 다시 구성해야만 했다. 사이트를 다시 만드는 이 작업은 우연히 마이스페이스를 새롭고 매력적인 특징을 갖게 만들었다. 프로그래머가 웹 사이트를 만들었을 때, '웹 마크업 언어_{페이지가 어떻게 보일지를 결정하는 프로그래밍 코드}'를 드러낸 채 놔뒀다. 덕분에 마이스페이스 사용자들은 자신이 직접 코드를 바꿔서 색이나 글자체, 배경 그림을 바꿀 수 있었다. 직접 그래픽을 잘라 붙여 바탕화면을 꾸밀 수도 있었다. 하지만 보안에는 구멍이 생겼다. 해커들이 사이트와 사용자에게 접근했다. 하지만 마이스페이스는 사용자들이 좋아한다는 이유로 그냥 놔두기로 결정했다.

페이지를 더 창의적으로 꾸밀 수 있게 되자 점점 더 많은 사람, 특히 십대들이 마이페이스에 몰려들었다. 사용자들은 새 소식_{저널}을 받아볼 수도 있고, 서로 대화할 수도 있었다. 새로운 교류의 장이 열린 셈이었다. 실제로 만난 적이 없던 사람과 친구가 되는 일

졌다.

　마이스페이스는 십대들도 안전하게 쓸 수 있는 환경으로 만들기로 했다. 범죄자들이 쉽게 들어오는 것을 막기 위한 대책들이 마련됐다. 2005년, 마이스페이스는 '와이어드 세이프티 WiredSafety.org' 등 인터넷 보안을 위한 사이트와 손을 잡았다. 2006년에는 사이트를 수정해 만 18살 이상의 사용자들이 만 18살 미만의 사용자를 친구로 추가할 때 이름이나 이메일 주소를 모두 공개하도록 했다. 범죄자들이 마이스페이스에서 미성년자에게 접근하기 어렵게 만들려는 의도였다. 하지만 실제 나이를 확인할 방법이 없었기 때문에 사람들은 나이를 속여서 제약을 쉽게 피해갈 수 있었다. 마이스페이스와 다른 소셜 네트워크 사이트들은 사용자의 실제 나이를 확인할 방법이 있는지를 놓고 논쟁을 계속했다.

마이스페이스 매각

이런 심각한 이슈에도 마이스페이스의 인기는 계속 치솟았다. 다른 회사들이 마이스페이스 매입에 관심을 보이기 시작했다. 2005년 7월, 루퍼트 머독의 미디어 회사인 '뉴스 코퍼레이션 News Corporation' 이 마이스페이스의 모회사인 이-유니버스 이름을 인터믹스 미디어

(Intermix Media)로 바꿨다를 5억 8000만 달러에 샀다. 일부 산업 분석가들이 기업 인수로 사용자가 떨어져 나갈 것이라고 예상했지만, 마이스페이스는 지속적으로 성장해 2006년에는 회원 수가 5000만 명을 기록했고, 매일 17만 명씩 가입자가 늘어났다.

하지만 2008년, 마이스페이스의 인기는 멈췄다. 《가디언》지와의 인터뷰에서 앤더슨은 "우리는 정점에 달했다고 느꼈다. 아직 사그라질 단계는 아니지만 성장세는 느려지고 있었다. 마이스페이스에 올 사람은 이미 다 온 것 같았다"고 말했다. 마이스페이스는 이제 다른 소셜 네트워크 사이트에 추월당하기 시작했다.

크리스 드월프는 이후 무얼 하나

2009년 마이스페이스를 떠난 드월프가 소셜 게임과 관련한 새로운 온라인 벤처를 시작한다는 소문이 돌았다. 소셜 게임이란 마이스페이스나 페이스북 등 소셜 시스템을 토대로 한 전략 또는 롤플레잉 게임으로, 여러 사람들이 아바타나 온라인 캐릭터를 이용해 참여한다. 유명한 온라인 소셜 게임으로는 페이스북의 '팜빌Farmville'이나 마이스페이스의 '갱스터Gangsta'가 있다.
'징가Zynga'와 '소셜 게이밍 네트워크Social Gaming Network'와 같은 회사들은 '징가포커Zyngapoker'나 '워북Warbook' 같은 게임을 내놨다. 이 사이트에서 사람들은 모르는 사람들 대신 온라인상에서 가족이나 친구와 게임을 할 수 있다. 이런 게임들은 소셜 네트워크 사이트에서 가장 인기 있는 애플리케이션이 됐다.

이 더는 이상한 일이 아니었다. 마이스페이스는 사람들의 사회적 관계를 바꾸고 있었다. 이런 새로운 시스템을 바탕으로 의사소통의 새로운 시대가 시작되고 있었다.

일단 빨리 만들고, 나중에 고친다

마이스페이스의 철학은 '일단 빨리 만들고, 나중에 고친다'이다. 사이트가 기술적으로 준비가 됐든 말든, 새로운 기능은 최대한 빨리 추가한다는 뜻이다. 앤더슨은 종종 잘못 작동하거나 때로는 완전히 망가진 사이트를 고쳤다. 마이스페이스는 사용자의 뜻에 따라 운영되고 있었다. 사용자가 새로운 기능을 좋아하지 않으면, 개발자는 그 기능을 완벽하게 하려고 시간을 낭

인터넷 속도

오늘날 사람들은 초고속 인터넷을 당연하게 생각하지만, 2003년만 해도 미국인들 대부분은 전화선을 이용하여 대단히 느린 인터넷을 쓰고 있었다. 광대역 통신망이 인기를 얻기 시작하면서 전화선 연결을 대체했다. 광대역 통신망으로 인터넷 접속 속도가 빨라진 것은 중요하다. 전화선에서 사진 한 장을 올리려면 2~3분씩 걸렸지만 광대역 통신망에서는 불과 10초 이내면 됐다. 이런 변화는 인터넷을 극적으로 바꿨다. 이전에는 대부분의 사람들이 인터넷을 정보를 찾거나 물건을 사는 데 이용했다. 하지만 빠른 속도 덕분에 사람들은 사진이나 음악 파일을 올리고 친구들과 공유할 수 있게 됐다. 인터넷은 한층 더 양 방향성이 강해졌다. 개인 소셜 네트워크 페이지가 무르익을 시간이 다가온 것이다.

비하지 않아도 됐다. 그냥 그 기능을 없애 버리고 다른 기능을 개발했다. 개발자 중 한 명인 피터 아미리는 "우리는 새로운 기능을 준비하기도 전에 인기 없는 기능을 없애버리곤 했다. 그래서 사이트가 네 시간씩 먹통이 되곤 했다"고 말했다.

초기에 작은 결함이 있었지만, 마이스페이스의 인기는 계속 높아져갔다. 그러나 별다른 제한점이 없다는 마이스페이스의 특징은 안전성에 대한 우려를 낳았다.

마이스페이스의 안전성

마이스페이스가 십대들에게 인기있는 공간이 되자 청소년을 노리는 성범죄자와 외설물 제작자들이 몰려들지도 모른다는 걱정거리가 생겼다. 시사 평론가 레베카 헤이절린은 이렇게 말했다.

> 마이스페이스는 빠른 속도로 십대들을 위한 모임 장소로 발전됐다. 하지만 부도덕한 사람들 역시 우리 아이들을 뒤쫓아 이런 가상 공간에 몰려들었다. 대부분의 십대들은 이 공간을 친구와 연락을 주고받는 재미있는 곳이라고만 생각하지만, 성범죄자와 외설물 제작자의 앞마당이기도 했다.

사이버 공간의 익명성으로 성범죄자들은 마이스페이스에서 자신들을 십대로 위장해 젊은 남녀를 꾀었다. 마이스페이스는 프로필에서 나이를 확인하지 않았고, 등록되어 있는 기존 성범죄자를 확인하지도 않았다. 그래서 이런 사람들을 구분해 속아내기가 쉽지 않았다. 전문가들은 온라인 상의 성범죄자들이 생각보다 적다고 말했지만 각종 미디어는 실제로는 위험성이 많다고 널리 알렸다. 인터넷 범죄자들의 희생자가 생기지 않도록 개인 정보를 공개하거나 잘 모르는 사람의 질문에 답하지 말라는 경고가 퍼졌다.

프라이버시와 소셜 네트워크

소셜 네트워크를 사용하는 사람들의 가장 큰 걱정은 사생활이나 개인 정보가 쉽게 드러난다는 점이다. 하지만 작가인 조엘 스타인은 《타임》지에 쓴 글 '당신은 내 친구가 아니다'에서 소셜 네트워크 사이트는 프라이버시와 관련이 없다고 주장했다.
"소셜 네트워크 사이트는 스스로를 브랜드로 알리는 시스템이다. 사람들은 다른 사람들에게 알리고 싶지 않은 것들은 공유하지 않는다. 가장 좋은 포즈로 찍은 사진을 보기 좋게 수정해서 올린다. 책 목록을 올릴 때도 사람들에게 다 읽었다고 알리고 싶은 것만 올린다. 다른 사람이 자신의 담벼락에 글을 쓸 때는 자신이 원하지 않는 것만 아니면 쓰도록 허락한다. 원하지 않는 내용일 때 게시물을 지우면 그만이다."

한편 외설물 제작자들은 마이스페이스를 통해 영업을 하거나 외설물 배우를 선보이고 새 모델이나 배우를 모집했다. 마이스페이

![Child Pornography... behind every picture there's pain.]

'와이어드 세이프티'의 대표 패리 아프타브

스는 사용자들이 누드 사진 등 음란물을 올리지 못 하도록 금지했다. 하지만 사용자들은 사진을 자신의 페이지에 즉석에서 올릴 수 있는데 반해, 마이스페이스 관리자가 이런 사진을 일일이 찾아 제거하는 데 일주일 가까이 걸리기도 했다. 십대들은 별생각 없이 나중에 일자리를 찾을 때나 대학에 입학할 때 불이익을 받을 수도 있는 이상한 사진을 올렸다. 이런 이슈 때문에 십대들이 마이스페이스 등 소셜 네트워크에 접근하게 해도 되는지를 놓고 논쟁이 격해

현상 유지를 위해 마이스페이스는 음악을 무료로 내려받을 수 있는 '마이스페이스 뮤직'처럼 새로운 기능을 시도했다. 개발자들은 영화 리뷰를 할 수 있는 '플릭스터Flixster' 등 소셜 네트워크 서비스가 아닌 사이트로 사용자들이 프로필을 보낼 수 있도록 허용하는 방법도 생각해 냈다. 하지만 마이스페이스는 계속 고전했다. 2009년, 드월프는 마이스페이스 CEO 직을 그만두고 경영 조언 역할로 물러났다. 2009년 6월, 마이스페이스는 비용을 줄이기 위해 전 직원의 30%를 줄였다.

마이스페이스의 시대는 지나가고 있었다. 2년 전만 해도 머독은 "페이스북은 전화번호부의 웹 버전에 불과하다"고 일축하며, "마이스페이스야말로 사람들이 온라인상에서 서로 연락하고 자신만의 생활을 영위하는 완전한 소셜 네트워크"라고 말했다. 하지만 비평가들은 마이스페이스가 성범죄자와 악플러, 불법광고자 등에게 여전히 취약하다고 평가했다. 또 사용자들이 자신의 프로필을 마음대로 바꿀 수 있도록 많은 옵션을 허용했기 때문에 페이지가 불안정하고 정돈이 되지 않아 필요한 것을 찾기가 어려웠다. 사람들은 더 깨끗하고 사용자에게 친숙한 형태를 지닌 온라인 커뮤니티를 찾기 시작했다. 그들이 찾은 것은 페이스북이었다.

드월프는 2009년에 마이스페이스를 떠났다.

05

논란 속의 출발

인터넷에서 가장 유명한 소셜 네트워크 사이트이자, 2010년 세계에서 가장 방문객 수가 많은 5대 웹 사이트 중의 하나는 2003년 어느 날 늦은 밤 하버드 대학교 기숙사에서 탄생했다. 당시 2학년 학부생이었던 마크 주커버그는 좋아하던 여자로부터 막 거절당한 참이었다. 그는 컴퓨터 앞에 앉아 블로그에 글을 썼다. "그녀르부터 내 마음을 떼어놓을 뭔가를 생각해 내야겠어. 내 마음을 채울 무언

페이스북을 만든 마크 주커버그

가를……. 아이디어가 필요해." 주커버그의 아이디어는 마침내 '페이스북Facebook'의 탄생으로 이어졌다.

괴짜 컴퓨터 광에서 변절자로

1984년 5월 14일, 마크 주커버그는 뉴욕 화이트플레인에서 치과 의사인 아버지 에드워드와 정신과 의사인 어머니 카렌의 아들로 태어났다. 주커버그는 중학생일 때 생애 처음으로 컴퓨터를 받았고, 곧 게임과 통신 프로그램을 개발하기 시작했다. 뉴욕의 아슬리 고등학교에 입학했다가 뉴햄프셔 엑세스터에 있는 사립 고등학교인 필립스 엑세스터 아카데미로 옮겼다. 거기에서 주커버그는 컴퓨터 프로그램 몇 개를 만들었다. 이 중에는 그의 아버지 사무실의 종업원들을 위한 통신 프로그램도 포함돼 있었다.

주커버그는 이런 프로젝트를 좋아했다. 주커버그는 룸메이트인 애덤 안젤로와 사용자의 청취 습관을 추적해 취향에 따라 디지털 목록을 만들 수 있는 소프트웨어까지 개발했다. '시냅스Synapse'라는 이름이 붙은 이 프로그램은 무료로 내려받을 수 있게 웹에 올렸다. AOL을 포함한 몇 개의 회사가 이 프로그램에 관심을 가졌다. 그들은 주커버그에게 연락했지만, 주커버그는 프로그램을 팔라는

제안을 거절했다.

주커버그는 학교에서 프로그래밍을 가장 잘하는 학생 중 한 명이었다. 마이크로소프트 사와 AOL은 높은 연봉을 제시하며 함께 일하자고 제안했다. 주커버그는 일을 시작하기 전에 교육부터 마치기로 결정했다. 필립스 엑세스터 아카데미를 졸업하고, 이미 하버드 대학교 2002년 가을 학기 등록을 마친 상태였다.

하버드 대학교에서 주커버그는 프로그래밍 프로젝트를 수행하며 경험을 쌓아가고 있었다. 2학년 때, 그는 '코스 매

치Coursematch.com'이라는 사이트를 만들었다. 학생들이 스스로 온라인에서 수업에 등록하고 같은 수업에 누가 등록했는지를 알 수 있는 프로그램이었다. 이 사이트에 꽤 많은 사용자들이 몰린 나머지, 사이트 운영에 사용한 주커버그의 노트북이 부하를 버티지 못

하고 다운됐다. 이 경험으로 그는 온라인상에서 사회적인 교류가 얼마나 인기가 많은지를 깨달았다. 또 컴퓨터 프로그래밍이 단지 코딩만 하는 것이 아니라, 사람이 하고 싶은 것을 이해하는 활동이라는 사실도 알게 됐다. 그래서 주커버그는 컴퓨터과학 대신 심리학을 공부하기로 마음먹었다.

'얼굴 사진첩 (페이스북)' 전통

고등학교와 대학교에는 매년 학생들의 목록을 사진과 함께 담아 인쇄물로 펴내는 오랜 전통이 있다. '얼굴 사진첩페이스북'이라는 이 목록은 학생과 교수, 직원들이 서로 잘 알도록 하기 위해 만들었다. 2003년 그날 밤 주커버그가 기숙사 방에 앉아 있었을 때, 그는 기숙사 사진첩을 책상 옆에 펼쳐둔 상태였다. 그는 얼굴 사진첩에서 여학생들의 사진을 받아기숙사에 사는 학생은 온라인으로 사진을 볼 수 있었다 그걸로 웹 사이트 하나를 만들기로 했다. 사람들이 다른 사람의 매력 등급을 매길 수 있는 사이트였다. 주커버그는 하버드 대학교 각 기숙사의 온라인 얼굴 사진첩을 해킹한 뒤 주인의 허락 없이 얼굴 사진을 모았다.

　'페이스매시Facemash.com'이라는 사이트가 탄생했다. 주커버그

는 웹 사이트 주소를 몇 명의 친구들에게 보내 의견을 물었다. 다음날 아침까지 이 사이트에 450명의 학생들이 가입했고 페이지를 열어 본 횟수는 2만 2000회에 달했다. 하지만 불과 몇 시간만에 하버드 대학교 당국이 주커버그를 추적해 그의 인터넷 접근을 막아 버렸다. 그는 대학 행정 이사회에 불려 가 학생의 프라이버시를 침해하고 학교 자산을 허락 없이 내려받았다는 이유로 질책을 받았다. 「하버드 크림슨」 신문에는 이런 기사가 실렸다.

> 주커버그는 자신이 만든 사이트의 문제점을 알고 있었고,
> 그렇게 많은 학생이 보라고 만든 게 아니라고 말했다. ……
> "나는 이 사이트를 하버드 대학교 사람들에게 공개하는 것
> 이 정말 적합한지 아닌지 생각할 시간이 필요했다." 사이
> 트를 내린 뒤, 주커버그는 비판이 너무 강해 다시는 올리지
> 않겠다고 결심했다.

하버드 대학교 당국의 질책을 받긴 했지만, 주커버그는 캠퍼스의 작은 유명 인사가 됐다. 주커버그는 사람들이 다른 사람을 몰래 지켜보는 것에 관심이 많다는 사실을 알게 됐다. 페이스매시는 온라인상에서 서로가 사적인 생활을 들여다볼 수 있도록 하는 소셜 네트워크 사이트를 만드는 첫 걸음이 됐다.

페이스북의 탄생

주커버그의 룸메이트 더스틴 모스코비츠와 동료 크리스 허프, 에두아르도 서버린 등 하버드 대학교 친구들의 도움으로 주커버그는 하버드 대학교뿐만 아니라 다른 학교까지 포함하여 '더페이스북 TheFacebook.com'을 만들기 시작했다. 주커버그와 서버린은 각자 돈을 투자해 사이트를 운영하기로 했다. 주커버그가 회사의 3분의 2를 소유했다. 허프는 대변인이 됐고 모스코비츠는 스탠퍼드 대학

도둑맞은 아이디어?

페이스북이 세상에 나오기 열 달 전, 디비아 나렌드라와 기숙사 친구 둘이 하버드 대학교 학생들을 위한 온라인 커뮤니티를 만들 생각을 했다. 2003년 초, 그들은 사이트의 프로그래밍 작업을 했지만, 가을이 되도록 완성하지 못했다. 페이스매시가 갑작스럽게 등장해 화제를 모았다 폐쇄됐다는 이야기를 듣고, 나렌드라는 주커버그에게 연락해 회사의 일부를 제공하는 대가로 사이트 프로그래밍을 해 줄 것을 요청했다.

주커버그는 요청에 응했지만 몇 달 동안 사이트 작업을 거의 하지 않았다. 그는 나렌드라에게 사이트 프로그래밍이 거의 다 끝났다고 했지만, 1월에 새 프로그래머를 고용하라고 말했다. 나렌드라와 친구들은 결국 독자적인 사이트 '커넥트유ConnectU'를 출범했지만 성공하지 못했다. 나렌드라는 주커버그가 자신의 아이디어를 훔쳤고, 페이스북을 먼저 출범시키기 위해 고의로 커넥트유의 출범을 지연시켰다고 주장했다.

교와 컬럼비아 대학교, 예일 대학교에서 사이트를 열도록 도왔다. 주커버그는 또 고등학교 때의 프로그래밍 파트너 안젤로의 도움도 받았다. 안젤로는 나날이 커지는 사이트의 데이터베이스를 관리하는 일을 맡았다.

더페이스북은 2004년 2월 4일 공식적으로 문을 열었다. 첫

두 주 동안 4000명의 사람들이 가입했다. 2004년 5월까지, 사이트는 놀라운 속도로 퍼져나가 30개 학교에서 20만 명이 넘는 사람들이 사용하게 됐다.

「하버드 크림슨」 신문의 기사에서 앨런 터벅은 사이트의 엄청난 인기에 대해 이렇게 쓰고 있다.

하버드 대학교 학생들은 우정의 의미를 재발견하고 있다. 이들은 모두 새 친구와 옛 친구들을 서로 연결시켜 주는 온라인 사이트에서 대화하고 글을 남기고 있다. …… 06학번 아론 D. 채드번은 하버드 대학교 커뮤니티의 사람들이

어떻게 연결돼 있는지 알 수 있어 특히 좋았다고 말했다.

그는 "공동체 의식을 길러주는 것이 더페이스북의 가장 뛰어난 점"이라고 덧붙였다.

더페이스북이 출범하자, 단번에 최고의 인기를 누리게 되었다. 하지만 그 인기를 계속 이어갈 수 있을까?

[My Friends]

[export]

[global]

Export contact information
in Outlook and other pro

e friends to join thefacebook.   Find friends at other schools.

[Other Schools] [GWU] [All]

it Friends

Filter: [Recently Updated Profiles]

You have 247 friends.

essage] [remov

KIP ABER
profile updated recently

essage] [r

'더페이스북'이 2004년에 서비스를 시작했다.

06

캠퍼스 밖으로 나간 페이스북

더페이스북은 다른 소셜 네트워크 사이트들과 질적으로 확연히 달랐다. 더페이스북에는 명문대의 이메일 주소를 갖고 있는 사람만이 가입할 수 있다는 점이었다. 이것은 커뮤니티의 신뢰성을 높여 주었다. 사용자들은 익명이 아니라 자기 자신의 신분을 그대로 공개한 채 사용해야 했기 때문이다. 이 사이트는 사용하기도 쉬웠다. 뉴욕 시립대학교의 인터랙티브 저널리즘 프로그램 담당자인

더스틴 모스코비츠는 주커버그와 함께
캘리포니아의 팔로 알토로 이사왔다.

제프 자비스는 "전에 있던 사이트보다 나았다. 프렌드스터가 게임이고 마이스페이스가 조잡한 홈페이지였다면, 페이스북은 뭔가를 함께할 수 있는 최적의 사이트였다"고 말했다.

더페이스북이 금세 성공하자 주커버그는 하버드 대학교를 떠나 사이트에 모든 시간을 투자하기로 마음먹었다. 2004년 여름, 그는 캘리포니아의 팔로 알토로 이사했다. 실리콘 밸리야말로 컴퓨터 회사가 시작하기 최적의 장소라고 생각했기 때문이다. 그는 원래 더페이스북의 성능을 한 단계 높이기 위해 한 학기를 쉴 계획이었다. 그와 서버린은 각자 2만 달러를 추가로 투자하기로 마음먹었다. 서버린은 부유한 집안 출신이었기 때문에 2만 달러를 투자하는 데 어려움이 없었다. 하지만 훗날 서버린은 주커버그는 2만 달러를 투자하지 않았다고 주장했다.

팔로 알토의 집에서 모스코비츠와 두 명의 인턴, 그리고 더페이

실리콘 밸리

실리콘 밸리는 캘리포니아 샌프란시스코 만 지역 남쪽의 별칭이다. 이 이름은 이 지역에서 컴퓨터 산업에 쓰이는 실리콘 마이크로 칩을 만들던 회사들을 일컫는 말이다. 시간이 지나 실리콘 밸리는 모든 종류의 첨단기술 회사의 주요 허브로 알려졌다. 새로운 기술에 돈을 투자하고 싶어하는 벤처 캐피털 그룹은 수백만 달러의 돈을 이 지역 회사들에게 쏟아부었다. 닷컴 버블이 터지기 전, 실리콘 밸리와 근처 지역은 세계에서 가장 높은 부동산 가격을 기록했다. 이곳은 지금도 첨단기술 연구와 개발의 중심지다.

스북 프로젝트에 참여했던 다른 프로그래머들이 주커버그의 작업에 참여했다. 그들은 온 여름을 컴퓨터 앞에서 보냈다. 화이트보드에는 밝은 매직펜으로 된 코드 구조도가 그려졌고, 바닥에는 빈 피자 상자와 컴퓨터 포장지가 쌓여갔다.

주커버그의 인턴 중 한 명이었던 스티븐 해거티는 "페이스북을 회사라고 부르는 것은 그 당시로 보면 아주 잘 봐 준 거다. …… 우린 컴퓨터 앞에 앉아 있는 것 말고는 한 게 없다. 마크는 여자 친구가 있었는데 얼마 뒤에는 찾아오지 않게 됐다"고 말했다. 그들은 온라인 소셜 네트워크 서비스를 만드는 일에 혼신의 힘을 쏟았다. 자신들의 사회 관계는 생각하지 않은 채…….

냅스터와의 만남

숀 파커는 음악 파일을 공유할 수 있는 웹 사이트 '냅스터Napster'를 만든 것으로 잘 알려져 있었다. 파커는 여자 친구에게서 더페이스북에 대해 들었다. 2004년 봄, 그는 강한 호기심을 느끼고 주커버그와 서버린과 만났다. 저녁 식사 자리에서 셋은 파커가 어떻게 캘리포니아에서 돈을 모을 수 있었는지 이야기했다. 곧 그들은 친구가 됐다. 파커는 페이스북 팀이 세 들어 살고 있는 집에 이사했다.

파커는 주커버그를 실리콘 밸리의 투자자들에게 소개했다. 하지만 주커버그는 더페이스북을 팔라는 투자자들의 제안을 모두 거절했다.

소송 그리고 인기

이 무렵 주커버그와 서버린 사이에 금이 갔다. 서버린은 더페이스북의 경영을 맡고 있었지만, 실제로는 거의 참여하지 않고 있었다. 그는 사이트가 운영되고 있는 캘리포니아가 아니라 뉴욕에 머물렀다. 2004년, 서버린은 더페이스북의 은행 구좌를 막아 자금을 사용하지 못하도록 했다. 그는 그 구좌의 돈이 자신의 돈이라고 주장했다. 창업 자금은 자신이 모두 준비했으며 주커버그는 약속했던 돈을 내지 않았다는 이야기였다. 서버린은 주커버그가 더페이스북의 자금을 자신의 개인 비용으로 부당하게 사용했다고도 주장했다. 주커버그는 회사의 자금에 대한 통제권을 되찾기 위해 서버린을 대상으로 소송을 벌였다. 하지만 서버린 역시 맞고소를 했다.

소송에 휘말리자 주커버그는 더페이스북의 재산권과 주주의 배당 이익을 오하이오 주의 델라웨어에 세운 새 회사로 옮겼다. 주커버그는 회사를 정비하며 스스로 임원 자리에 올라 서버린의 권한

숀 파커

1979년 태어난 숀 파커는 온라인 음악 파일 공유 사이트인 냅스터의 공동 설립자로 잘 알려져 있다. 1999년부터 2001년까지 운영된 냅스터는 사용자들이 그들이 지닌 MP3 파일을 다른 사람과 무료로 공유하게 했다. 사람들은 음악을 구입할 필요가 없어졌다. 음반회사는 냅스터를 저작권 위반 혐의로 고소했고, 2001년 7월 법원의 명령으로 냅스터는 문을 닫았다. 후에 냅스터는 구독 서비스로 전환했지만 사이트를 찾는 발길이 뚝 끊겼다. 2008년 베스트바이The Best Buy 사가 냅스터를 사들였다.

을 제한하고 회사 내 그의 입지를 약하게 만들었다. 서버린은 더는 더페이스북의 직원이라고 할 수 없게 됐다. 법정에서 서버린과 주커버그는 합의했다. 합의 내용은 대중에게 공개하지 않았다.

2005년, 회사는 '페이스북 Facebook.com' 도메인을 구입하며 앞에 붙었던 '더The' 자를 떼어냈다. 2005년 봄, 페이스북은 더욱더 유명해졌다. 주커버그는 파커의 실리콘 밸리 인맥이 페이스북에 대한 투자를 늘릴 것이라고 기대하며 그를 사장으로 임명했다. 하지만 파커는 회사에 1년도 채 머물지 않았다. 그 시기에, 페이스북은 잠재적인 투자자를 끌어들이기 위해 파커의 인맥이 더 필요하지 않았다. 페이스북은 이미 자금을 충분히 끌어모으고 있었다. 2005년 봄, 벤처 캐피털 회사 중 하나가 1270만 달러를 투자했다.

2005년 말, 페이스북의 사용자 수는 550만 명을 넘었다. 사용자

도 미국의 대학생을 넘어 다른 나라의 학생들까지 넓어졌다. 사용자의 포토앨범사진첩 같은 기능이 추가됐다. 2006년에는 전문가 네트워크를 추가하기 위해 다시 한 번 확장했다. 그러자 1200만 명의 사용자가 사용하게 됐다. 배너 광고가 점점 더 많은 수익을 냈고 투자금이 물밀듯 밀려들었다. 주커버그는 세계에서 가장 부유한 21살 청년이 됐다. 2010년까지도 그는 학업을 마치기 위해 하버드 대학교로 돌아가지 않았다2012년 현재까지도 돌아가지 않음(역자 주).

'비컨' 논란

주커버그는 페이스북을 단순한 소셜 네트워크 도구 이상으로 만들기 위해 끊임없이 새로운 방법을 찾았다. 그는 광고주들을 위한 우수한 도구가 될 수 있다고 생각했다. 2007년 11월 2일, 그는 새로운 페이스북 프로그램 '비컨Beacon'을 공개했다. 이 프로그램은 기업 광고주들이 온라인상에서 사용자의 페이스북 페이지에 손쉽게 광고를 할 수 있도록 도와줬다. 만약 사용자가 온라인으로 물건을 사면, 구매 정보가 구매자의 페이스북 페이지와 구매자의 친구의 페이지에 나타난다. 비컨은 누군가 이베이eBay에서와 같이 뭔가를 판매하기 위해 올릴 수도 있게 해 판매자의 페이스북 친구들이 판매자의 판매 정보를 알게 했다. 주커버그는 "믿는 사람의 추천보다 더 사람들에게 영향을 미치는 것은 없

페이스북이 망친 크리스마스

정치적인 활동가들의 모임인 '무브온MoveOn.org'은 페이스북의 비컨 애플리케이션에 반대하는 캠페인을 벌였다. 무브온은 페이스북이 구매 습관을 공개해 사용자의 프라이버시를 침해했을 뿐만 아니라 '크리스마스를 망쳤다'고 주장했다. 크리스마스 선물로 무엇을 샀는지가 가족과 친구들에게 다 보이게 됐기 때문이다. 한 사용자는 "여자 친구가 늘 갖고 싶다고 하던 상품을 사둔 것을 봤다. …… 이제 내 크리스마스 선물의 일부는 망가졌다. 페이스북이 크리스마스를 망쳤다"고 말했다.

'커넥트유'의 설립자들은 2004년에 주커버그를 상대로 소송을 걸었다. 2008년에 최종 판결이 났다.

다. 믿을 수 있는 소갯말은 방송 메시지보다 더 큰 영향을 미친다"
고 말했다.

불행히도 사용자들에게는 비컨을 끌 수 있는 방법이 없었다. 페
이스북 사용자들은 페이스북이 자신의 온라인 구매 내역을 추적하
자 놀랐다. 많은 사람이 이런 사생활 침해에 분노했다. 부정적인 반
응이 너무나 강해서 주커버그는 자신의 페이스북 블로그를 통해
사과했다.

처음엔 비컨을 원하면 사용하는 시스템이 아니라, 원하지 않으면 끝내도록 하는 시스템으로 구상했다. 이 생각에는 문제가 있었다. 만약 누군가 깜빡하고 기능을 끄지 않으면, 비컨은 계속해서 친구들과 공유한다는 점이다. 사람들이 우리에게 바꿔 달라고 한지 한참 뒤에야 우리는 사용자들이 공유하기로 명확하게 인정한 것들만 공유하도록 바꿀 수 있었다.

비컨은 선택 기능으로 바뀌었다. 사람들의 인터넷 검색 패턴과 구매 습관은 특별히 원하는 친구들에게만 공개하게 됐다. 하지만 비컨의 대실패가 페이스북의 성장세를 늦추지 않았다. 사이트의 사용자가 5000만 명을 넘어서자 현존하는 가장 큰 컴퓨터 관련 회사의 관심을 끌고 있었다. 바로 마이크로소프트 사다.

손 파커는 페이스북의 사장이 된 지 1년이 채 되지 않아 그만뒀다.

성인이 된 페이스북

2008년, 《포브스》지는 주커버그를 자신들이 꼽는 억만장자 클럽에 포함시켰다. 그의 재산은 약 15억 달러로, 당시 전 세계에서 가장 젊은 억만장자였다. 2007년 10월, 구글과의 공개 입찰을 거친 뒤, 마이크로소프트 사는 페이스북에 2억 4000만 달러를 투자했다. 이는 마이크로소프트 사가 페이스북 지분의 1.6%를 소유한다는

캘리포니아 주 팔로 알토에 자리잡고 있는 페이스북 본사

뜻이었다. 페이스북의 가치는 약 150억 달러가 됐다. 분석가들은 2006년 페이스북의 수익이 1억 5000만 달러였다는 점을 들어 도저히 믿기지 않는 액수라고 생각했다. 한 분석가는 이렇게 말했다.

겉에서 보면, 완전히 정상이 아닌 것처럼 보입니다. 마이크로소프트 사가 겨우 그렇게 적은 지분을 위해 회사 하나에 그토록 많은 돈을 투자하다니요. 하지만 그게 10억 달러였든 150억 달러였든 중요하지 않습니다. 150억 달러를 만들어 놓고 마이크로소프트 사는 아무도 페이스북 근처에도 오지 못하게 만들었습니다. 페이스북을 살 수 있는 유일한 회사는 마이크로소프트 사뿐입니다.

남아 있는 문제들

마이크로소프트 사로부터 많은 현금이 투입됐지만, 페이스북과 주커버그는 여전히 여러 가지 문제 때문에 골치가 아팠다. 주커버그는 하버드 대학교의 '커넥트유ConnectU'의 아이디어를 훔쳤다는 혐의를 받고 이미지에 타격을 받았다. 그가 범죄를 저질렀는지는 증명하기 어려웠다. 온라인 캠퍼스 데이터베이스 기능을 수행하고

페이스북 차단

시리아, 이란, 중국, 베트남 등 일부 나라에서는 페이스북 접속이 종종 차단된다. 이 사이트가 사람들에게 정부나 다른 국가기관에 대한 비판을 자유롭게 허용하기 때문이다. 일부 지역에서는 반정부 그룹이 조직을 만들고 서로 연락을 주고받기 위한 수단으로 페이스북을 활용한다. 2009년 이란 선거 때는 급진 반대파를 결성하는 데 이용될 우려 때문에 사이트가 일시적으로 차단됐다.

있던 하버드 고유의 얼굴 사진첩에서, 우연히 서로 다른 사람들이 동시에 같은 생각을 떠올렸다고 보는 것도 가능하다. 하지만 혐의만으로도 기업가들은 주커버그와의 사업에 주저했다. 2008년,《월스트리트 저널》의 칼럼니스트 카라 스위셔는 "그는 젊다. 그리고 나는 그 점이 걱정된다. 그는 도대체 얼마나 많은 사람들과 싸웠는가? 그런데 이제 겨우 24살이란다!"라고 썼다.

이어지는 법률적인 문제에도 페이스북은 빠르게 성장하고 있었다. 2007년에는 '페이스북 애드Facebook Ad'가 출범했다. 이 프로그램은 광고주들이 자신들의 브랜드로 페이스북 페이지를 열고 페이스북 사용자들의 정보와 취향에 접근할 수 있게 해 줬다. 이를 통해 특정 사용자들을 대상으로 광고를 할 수 있다.

2008년 페이스북은 ABC뉴스와 함께 미국 대선 토론회를 공동 후원했다. 같은 해 페이스북은 스페인 어와 프랑스 어, 독일어, 그리고 기타 21개의 언어를 사이트에서 사용할 수 있도록 번역 애플리케이션을 추가했다. 2010년, 언어의 수는 74개까지 늘어났다.

사용자 통제

하지만 사이트가 애플리케이션을 추가할 때마다 부정적인 반응도 종종 받았다. 펜실베이니아 주립대학교 미디어효과 연구실의 공동 소장인 S. 샤이엄 순다는 이렇게 말했다.

사용자 권한 되찾기

2009년, 페이스북은 회사가 사이트 안에 있는 모든 콘텐츠를 소유한다는 새로운 서비스 약관을 발표했다. 이것은 사용자가 사이트 안에 올린 사진이나 글을 페이스북이 원하는 형태로 사용하거나 복사, 배포할 수 있다는 뜻이었다. 심지어 사용자가 페이스북을 탈퇴한 뒤에도 가능했다. 페이스북 사용자인 줄리우스 하퍼는 '새로운 약관에 반대하는 사람들'이라는 모임을 만들었다. 곧 하퍼는 2만 명의 사용자를 모았고, 온 나라 매체의 주목을 받았다. 결과적으로, 페이스북은 서비스 약관을 이전으로 되돌렸고, 새 약관에 대해서는 사용자들이 투표를 할 수 있게 했다. 오늘날 사이트의 서비스 약관을 보면, 콘텐츠를 만든 사람이 원본 저작권을 가질 수 있게 하고 있다. 사용자들은 자신의 정보를 어떻게, 어디에서 공유할지 조절할 수 있다.

이것은 공동체커뮤니티를 만들어 가는 기술입니다. 커뮤니티 구성원들로 하여금 어딘가에 소속돼 있다고 느끼게 할 뿐 아니라 회사에서 새로운 것에 도전할 수 있도록 힘을 부여 받았다고 느끼게 합니다.

페이스북 사용자들은 사이트의 모습이나 움직임을 제어하고 싶어한다. 만약 페이스북이 사용자들이 별로 좋아하지 않는 기능을 추가하면 이를 반대하기 위해 사람들이 모인다. 하지만 페이스북이 그런 반응 때문에 뭔가를 되돌리는 경우는 거의 없다. "그건 민주주의가 아니지요." 페이스북 부회장인 크리스 콕스가 말했다. "우리는 의사소통을 위한 인터넷 매체를 만들고 있습니다. 우리에게는 그러기 위한 충분한 전망이 있습니다. 우리는 스스로가 그 비전의 수호자가 될 겁니다."

버는 돈, 나가는 돈

2010년 페이스북은 5억 명이 넘는 사용자를 확보하며 성장해 왔지만, 수익은 그렇게 빠르게 성장하지 않았다. 회사가 수입을 공개하지 않았기 때문에, 분석가들은 페이스북이 2009년 한 해 동안

페이스북의 부사장 크리스 콕스

7~8억 달러를 벌었으리라고 추정했다. 이것은 회사의 지출을 메꾸기에는 부족한 액수였다. 이런 수입에 따른다면, 페이스북의 가치는 마이크로소프트 사가 주장한 150억 달러보다 한참 낮을지도 모른다.

페이스북의 수입이 낮은 이유는 유명한 무료 온라인 서비스가 공통으로 겪는 문제 때문이었다. 이런 사이트들은 광고를 통해 돈을 벌지만, 실제로 사람들은 이런 사이트에 걸린 광고를 거의 클릭을 하지 않는다. 사람들은 개인적인 대화 사이에 거슬리는 광고를 보기 싫어한다. 페이스북은 이런 문제를 극복하기 위해 새로운 '계약 광고'를 시도했다. 이 광고는 페이스북 사용자들에게 특정 상품이나 기업의 팬이 되도록 초대하고 그 대가로 종종 할인 기회를 준다. 만약 한 사용자가 팬이 되면 페이스북 친구들에게 그 사실이 나타난다. 페이스북의 수석운영자 셰릴 샌드버그는 "우리는 방해물에 불과한 광고에 대한 소비자의 거부감을 해결하기 위한 대책을 시도했다"고 말했다.

샌드버그는 페이스북이 사용자들에게 사이트 사용 요금을 부과할지도 모른다는 소문에 대해 사실이 아니라고 말했다. 2010년, 샌드버그는 페이스북의 광고 수익이 늘고 있다고 말했다.

누가 페이스북을 쓰는가?

페이스북 사용자들이 늘어나자 누가 이런 소셜 네트워크 사이트를 쓰는지 아는 것이 중요해졌다. 마이스페이스는 여전히 십대들 사이에서 큰 인기를 차지하고 있었다. 하지만 페이스북이 성장하자, 중년에 해당하는 사용자들 역시 증가했다. 2008년 6월부터 2009년 1월 사이, 35세에서 54세 사이의 페이스북 사용자 그룹의 비율은 전체의 7%에서 16%로 늘어났다. 같은 기간 18세에서 24세의 비율은 53%에서 40%로 떨어졌다. 55세 이상의 사용자도 증가했다. 페이스북은 절대 10대와 20대만의 사교 장소가 아니다. 나이가 더 많은 사람들도 페이스북에 접속해 옛 친구나 학급 동료를 찾는다.

페이스북이 마주한 문제는 젊은 사용자와 나이가 많은 사용자들 모두에게 호소할 수 있는 적합한 광고 전략을 짜는 일이다. 《비즈니스위크》에 실린 '꼰대들이 페이스북에 모인다'라는 기사를 보자.

> 지금 페이스북, 거기 광고를 찾고 있는 마케터들, 페이스북을 사고 싶어하는 기업, 언젠가 자신의 지분을 사길 바라는 투자자들에게 남겨진 문제는, …… CEO 마크 주커버그와 임원들이 사이트의 봄방학 분위기를 유지해가면서 십대와 이

십대들도 끌어들이면서(역자 주) 나이가 더 많은 사람을 끌어 모을

수 있느냐.

새로움을 찾아

소셜 네트워크는 또 다른 새로운 것을 맞을 준비가 돼 있었다. 인

설립자들의 미래

페이스북을 시작할 때 도움을 줬던 다른 사람들에게는 무슨 일이
일어났을까? 크리스 허프는 2008년 버락 오바마의 대통령 선거
캠프의 온라인 조직책을 맡았다. 2010년에는 매사추세츠 캠브리
지의 벤처 캐피털 회사인 '제너럴 캐털리스트 파트너General Catalyst
Partners'에서 일했다. 그는 정치 컨설팅 업체인 GMMB에도 어드바
이저로 관여했다. 2009년 4월, 허프는 '패스트 컴퍼니Fast Company'
지의 커버를 장식했다. "오바마를 대통령으로 만든 젊은이 : 페이
스북 공동창업자 크리스 허프는 어떻게 오바마 캠프를 뒤흔들었
는가 그리고 어떻게 정치와 마케팅을 바꿔 버렸는가"라는 제목이
었다.
더스틴 모스코비치는 2008년 페이스북을 떠나 '어사나Asana'라고
하는 회사를 열었다. 이 회사는 아이디어를 발전시키고 함께 일할
수 있도록 도와주는 기업을 위한 온라인 소프트웨어를 개발한다.
에두아르도 서버린은 페이스북의 공동 설립자이긴 하지만, 더는
페이스북 소속이 아니다. 그러나 페이스북 주식을 갖고 있어 재산
이 11억 달러에 이른다고 알려져 있다.

기가 한창이던 2006년, 페이스북은 새로운 형태의 온라인 커뮤니케이션을 경쟁자로 맞게 된다. 이 새로운 소셜 네트워크는 빠르고, 단순했다. 상태 업데이트와 메시지 사이를 왔다갔다할 필요도 없었다. 그 이름은 트위터였다.

사용자 중에는 페이스북의 개인 정보 설정에 불만을 나타내는 사람도 있다.

08

잠에서 깨어난 트위터

2006년까지 짧은 메시지를 선호하는 사람이나 이동하면서 자유롭게 접속하길 원하는 사람들에게 페이스북이나 마이스페이스, 이메일은 실용적이지 못했다. 트위터가 등장해도 될 시점이 무르익었다. 이 서비스는 사용자들이 자신의 상태-글을 게시하는 당시에

잭 도어시는 운송업체에서 일해 본 경험 덕분에 트위터에 대한 아이디어를 떠올릴 수 있었다.

왜 140자일까?

대부분의 휴대전화에 사용하는 인스턴트 메시지는 160자까지만 한 번에 보낼 수 있다. 트위터를 만든 사람들은 휴대전화로 메시지를 쉽게 주고받을 수 있게 트위터에도 이를 적용했다. 그들은 20자를 사용자 이름으로 쓸 수 있게 하고 나머지 140자를 내용으로 쓸 수 있게 했다. 공간적 제약은 일부 작가들에게 트위터 소설을 쓸 아이디어를 제공했다. 이야기를 140자짜리 토막으로 나누거나 아예 140자로 끝나는 초단편 소설이 바로 그것이다. 다음 미스터리는 론 굴드가 쓴 것으로, '카피블로거 트위터 글쓰기 대회'에서 대상을 차지한 글이다.

"「시간 여행은 가능하다!」 노트엔 이렇게 적혀 있었다. 「하지만 과거로만 갈 수 있고, 편도 여행만 가능하다.」 나는 그게 내 필체라는 것을 깨닫고 심장이 얼어붙는 것 같았다."

자신이 무엇을 하고 있는지-를 단순하고 쉽게 공유하도록 하고 있다. 단 140글자로 말이다.

트위터 인큐베이터

트위터는 휴대전화의 인스턴트 메신저IM나 단문 서비스SMS에 기반을 두고 있다. 인스턴트 메신저는 온라인에 동시에 접속 중인 사람들에게 메시지를 보내 실시간으로 대화하도록 도와준다. 문자 메시지단문 서비스는 항상 온라인 상태일 필요는 없다. 하지만 트위터는 인스턴트 메신저와 단문 서비스를 한 걸음 넘어섰다. 트위터에서 메시지는 동시에 수백 명의 친구들에게 공유되며, 인터넷에서 누구나

볼 수 있다.

트위터의 설립자인 잭 도어시는 1976년 11월 19일에 태어났다. 미주리 주 세인트 루이스에서 자라던 어린 시절, 도어시는 배달 트럭이나 응급차량, 택시 등 운송회사의 이동 경로에 관심을 가졌다. 이들은 매우 다양한 장소로 물건을 보내거나 직접 이동한다. 도어시는 운송회사와 운전자들이 통신으로 서로 위치와 활동을 알아낸다는 사실이 신기했다.

14세 때, 도어시는 세인트 루이스의 운송회사를 위한 소프트웨어를 개발하기 시작했다. 세인트 루이스 비숍 두버그 고등학교에 다니면서 미주리 과학기술 대학교에도 수업을 들으러 다녔다. 고등학교를 졸업하고는 뉴욕 대학교에 입학했다. 하지만 1995년 대학을 그만두고 미국에서 가장 큰 택배회사 중 하나인 DMS를 위한 컴퓨터 프로그램을 만드는 일을 시작했다. 그리고 캘리포니아로 이사했다.

2000년, 도어시는 캘리포니아 오클랜드에 회사를 차렸다. 택배와 택시, 응급 차량의 이동 경로를 인터넷으로 찾아 주는 회사였다. 마침내 운송에 대한 관심으로부터 트위터에 대한 아이디어가 나왔다. 도어시는 이렇게 말했다.

도시는 매혹적이었다. 어떻게 도시가 움직이는지, 그 안에

도어시는 오데오 사의 비즈 스톤(왼쪽)과 에반 윌리엄스를 설득해 트위터를 개발했다.

서 무슨 일이 일어나는지, 그런 사실에서 트위터가 태어났
다. …… 먼저 나는 집배원과 택배 트럭에 관심을 가졌다.
…… 그 뒤 다음 요소 즉, 택시에도 관심을 가졌고, …… 구
급차나 소방차, 경찰차 등 응급 차량에도 관심을 가졌다.
갑자기 이 도시에 지금 무슨 일이 벌어지고 있는지 깊이
이해하는 순간이 왔다. 하지만 대중을 잊고 있었다. 보통
사람이 빠져 있었던 것이다. 바로 거기에서 트위터가 탄생
했다.

도어시는 친구와 실시간으로 메시지를 주고받았다. 첫 번째 실험은 오늘날의 블랙베리의 전신인 RIM850를 통해 이뤄졌다. 그는 메시지를 만들면 이메일을 통해 친구 모두에게 전달할 수 있는 프로그램을 만들었다. 하지만 친구가 RIM850 기기를 가지고 있지 않으면 읽거나 응답을 할 수 없다는 문제가 있었다. 이 경우 컴퓨터

이름에 얽힌 사연

트위터는 어떻게 이런 이름을 얻었을까. 도어시가 그 과정을 설명했다.

"그 느낌을 살리고 싶었습니다. 친구의 주머니를 울리는 물리적인 느낌 말이에요. …… 처음엔 '트위치twitch, '경련'이라는 뜻이 있다(역자 주)'라는 이름을 생각해 냈어요. 휴대전화가 진동하는 것과 비슷하니까요. 하지만 트위치는 상품 이름으로는 좋지 않았어요. 제대로 된 이미지가 떠오르지 않았어요. 우리는 사전을 찾아 '트위터'라는 단어를 찾아냈고, 완벽하다고 생각했어요. 트위터는 '하찮은 정보가 일으키는 작은 폭발'이라는 뜻과 '새가 지저귀는 소리'라는 뜻을 동시에 가졌어요. 바로 우리가 만든 것을 잘 설명하는 뜻이었죠. 새에 대한 말이었으니까요. 새가 지저귀는 소리는 우리에게는 의미 없게 들리지만, 새에게는 잘 전달이 되죠. 이것은 트위터에서도 마찬가지예요. 많은 메시지가 완전히 쓸모없거나 의미 없게 보이죠. 하지만 전적으로 듣는 사람에게 달린 문제입니다. 그래서 우리는 그 단어가 정말 마음에 들었어요. …… 이 단어는 동사로도 쓸 수 있고 명사로도 쓸 수 있어요. 다른 단어들과도 잘 어울려 쓸 수 있었어요. 만약 당신이 너무 많은 메시지를 받으면 당신은 '트위터 페이티드twitterpated, 새가 머리를 파묻는다는 뜻으로, 트위터 속에 파묻혀 정신이 없다는 뜻, 트위터 중독(역자 주)'라고 표현하면 되죠. 완벽해요."

를 이용해야 했고, 메시지를 교환할 수도 없었다. 또 만약 친구들이 메시지를 한 시간 늦게 읽었다면 친구들은 그 사람의 정확한 현재 상태를 알 수 없다. 도어시는 이 프로그램을 접을 수밖에 없었다. 하지만 머릿속에서 완전히 버린 것은 아니었다.

오데오 사

2006년 도어시는 샌프란시스코에서 팟캐스트 회사인 '오데오 ODEO' 사에 접근했다. 오데오 사 역시 문자 메시지와 실시간 상태 공유 서비스에 관심이 많았다. 오데오 사의 설립자인 에반 윌리엄스와 직원인 비즈 스톤은 도어시가 트위터를 개발하도록 도왔다.

오데오 사는 자주 하루씩 걸리는 길고 긴 회의를 열곤 했다. 회사를 위한 새로운 아이디어를 떠올리기 위해서다. 회사는 그리 잘 나가는 편이 아니었고, 슬럼프를 극복할 창의적인 방법이 필요했다. 또다른 직원인 돔 새골라는 도어시가 회의에 참석해 훗날 트위터를 탄생시킨 아이디어를 말하던 장면을 다음과 같이 떠올렸다.

도어시는 "휴대전화로 서로가 서로에게 연결할 수 있는 서비스가 있으면 좋겠다고 생각합니다. 문자 메시지를 이용

해서요."라고 말했습니다. 도어시의 아이디어는 아주 단순했어요. 사람들은 자신이 무엇을 하는지 생각할 필요도 없었지요. 그저 문자를 입력하고 보내면 됐거든요. 후에 그의 아이디어를 초기 모델에 적용해 봤습니다. 초기 모델은 …… 웹에만 기반을 둔 형태였어요. 2006년 3월 21일에 완성됐습니다. 제가 보낸 첫 번째 메시지는 '38번: 오 이거 중독될 것 같은데'였습니다.

트위터의 첫 번째 버전은 오데오 사의 직원과 가족들에게만 공개됐다. 모든 사용자는 하나의 관리자 페이지에서 모니터할 수 있었고, 그래서 회사는 사용자로부터 여러 가지 의견이나 이슈를 볼 수 있었다. 이때 이 서비스의 이름은 '스테이터스Status/Stat.us'였다. 여러 가지 아이디어를 낸 끝에, '트위터'라는 이름이 태어났다. 2006년 7월 1일, 온전한 형태의 트위터가 탄생했다. 여전히 회사가 아니라 개인에게만 공개된 형태였다.

그러나 오데오 사는 어려움에 부딪혔다. 수익이 줄고 있었다. 트위터 서비스를 개시하고 몇 달 지나지 않아 도어시와 스톤, 윌리엄스는 따로 오비어스Obvious 사라는 회사를 차렸다. 그들은 오데오 사와 자산을 모두 사들였다. 트위터도 포함돼 있었다. 2007년, 트위터는 단독으로 독립해 하나의 회사가 됐다. 세 명은 벤처 캐피털

로부터 수백만 달러의 자금을 확보했다. 트위터는 입양을 위한 준
비를 마쳤다.

늘어나는 무리

새골라는 많은 사람이 처음에 트위터를 이해하지 못해 제대로 쓰
지도 않았다고 인정했다.

> 가치를 알아보는 사람들이 없었어요. 당시에는 대부분의
> 사람들이 여전히 휴대전화로 보내는 문자 메시지 하나하나
> 에 돈을 냈어요. 그러니 트위터가 우리에게 돈을 가져다 줄
> 수 있었겠어요? 사람들이 돈이 든다고 느껴서 쓰지 않았다는 뜻(역자 주)
> 어떻게 써야 하는지도 몰랐고, 게다가 '내가 뭘 하든 누가
> 상관이나 할까'라는 식으로 트위터에 대한 이해가 거의 없
> 었지요.

그러나 곧, 사람들은 트위터에 적응하기 시작했다. 기념비적인
순간은 2007년 '사우스 바이 사우스웨스트 페스티벌 텍사스에서 매해
열리는 영화와 음악 축제'에서 일어났다. 트위터 제작자들은 컨퍼런스 홀

복도에 커다란 플라스마 스크린 두 대를 준비해 트위터 메시지를 실시간 중계했다. 컨퍼런스 참석자들은 트위터 메시지를 통해 서로 연락을 주고받았다. 이어서 바로 모든 사람이 새로운 메시지 서비스에 대해 이야기하기 시작했다. 트윗 수는 하루 2만 건에서 6만 건으로 늘었다.

2007년 캘리포니아에서 지진이 일어났을 때, 사람들은 자신이 어디에 있고 무슨 일이 일어나는지 등의 정보를 방송 뉴스와 정부 기관보다 빠르게 공유했다. 2008년 대통령 선거 때 투표 결과를 알고 있는 트위터 사용자들과 트위터에 올라온 소식들이 텔레비전 방송에도 중계됐다. US 항공 1549편이 2009년 1월 뉴욕 허드슨 강에 비상 착륙을 했을 때 첫 번째로 세계로 뻗어나간 뉴스 리포트는 누군가가 휴대전화로 전송한 트위터 문장과 사진이었다. "허드슨 강에 비행기가 있다. 나는 사람들을 구하기 위해 배를 타고 가고 있다. 난리도 아니군."

소셜 네트워크가 아니다

트위터의 창시자들은 트위터가 사실은 마이스페이스나 페이스북 같은 소셜 네트워크는 아니라고 지적했다. 누군가를 '친구'라고 부르거나 인맥을 네트워크에 포함시키게 하는 어떤 사회적인 요구도 없기 때문이다. 사용자들은 프라이버시 공개 수준을 선택할 수 있다. 누가 게시물을 볼 수 있는지 조절하면 된다. 친구에게만 게시물이 보이도록 선택할 수도 있는데, 그렇지 않으면 누구나 게시물을 읽을 수 있고 검색엔진으로도 찾을 수 있다.

트위터는 유명해졌다. 전 세계적으로 잘 알려졌을 뿐만 아니라 '인터넷상의 문자 메시지'라는 별명도 얻었다. 넓게 본다면 본질적으로는 인스턴트 메신저 서비스와 비슷했기 때문이다. 곧 기업가들과 마케팅 전문가들이 이 단순한 서비스를 활용할 방법을 찾았다. 트위터는 널리 퍼지기 시작했다.

트위터 사용자는 컴퓨터나 휴대전화를 이용해 메시지를 게시할 수 있다.

09

오늘날의 트위터

2009년, 《타임》지는 트위터의 세 설립자-잭 도어시, 비즈 스톤, 에 반 윌리엄스-를 '세계에서 가장 영향력 있는 100명의 사람들'에 뽑 았다. 트위터는 다른 소셜 네트워크 애플리케이션 사이에서 또 하 나의 성공적인 사례로 자리잡게 됐다. 하지만 마이스페이스나 페 이스북과 마찬가지로 성장통을 겪었다.

2009년 《타임》지가 선정한 '세계에서 가장 영향력 있는 100명' 행사에 참석한 에반 윌리엄스와 비즈 스톤, 잭 도어시(왼쪽부터)

누가 책임질 것인가

2010년, 트위터는 거의 1500만 명의 실질 사용자를 확보했다. 회사는 2009년 거의 2500만 달러의 수익을 얻었다. 계속해서 투자 펀드로 운영됐는데, 소문에 따르면 페이스북이 5억 달러에 사겠다는 제안을 거절했다고 한다.

트위터는 고유의 기능과 서비스를 구축하기 위해 외부의 가인과 기업들을 불러들였다. 이렇게 외부 사람들의 개발을 허용한 것은 나중에 트위터의 특징이 됐다. 새로운 사용자들이 사이트를 탐색하기 쉽도록 하는 새로운 '대시 보드상태 표시 페이지'가 만들어졌다. 사진과 비디오를 링크로 담아 트윗 메시지를 올릴 수 있는 방법도 개발됐다. 스톤은 "트위터에는 공식적으로 50명 정도가 일하지만, 우리와 똑같이 신뢰할 수 있는 5만 명의 사람들이 함께 일하는 것과 마찬가지다"고 말했다.

트위터는 현재 화제가 되고 있는 주제나 선택한 주제를 트윗 문장에서 검색할 수 있도록 돕는 기능도 도입했다. 이 기능도 외부 회사에서 개발했는데, 기능이 대단히 성공적이었기 때문에 트위터는 나중에 개발사인 '섬마이즈Summize'를 사들이고 엔지니어도 모두 고용했다.

개별 사용자들도 다양한 애플리케이션을 개발했다. 다른 사람의 트윗에 대해 답하는 기능이 그 예다. 이 기능은 나중에 트위터의 표준 기능이 됐다. 다른 사람의 트윗 문장을 똑같이 공유하도록 하는 기능인 '리트위트retweet'도 사용자들이 만들었다. 그런데 이 기능이 만들어졌을 때 트위터는 리트위트 문장에 자신의 생각이나 의견을 덧붙일 수 없도록 했다. 이런 정책은 사용자들의 반발을 불러일으켰다. 트위터는 빠른 속도로 성장하고 있었지만, 사용자와 외부 소프트웨어 개발자, 혹은 트위터 본사 중 누가 책임을 져야

트위터는 사용자가 하기 나름

《LA 타임스》의 데이비드 사노와의 인터뷰에서 도어시는 트위터가 그의 원래 구성과 전혀 달라지지 않았다고 말했다. 그는 이 독특한 커뮤니케이션 형태가 사람들의 요구를 충족하고 있으며 성공적이라고 말했다. 또 트위터는 사용자 자신이 하기에 따라 크게 쓸모가 있을 것이라고 말했다.

"나는 언제나 트위터가 활용하기 나름이라고 말해 왔다. (트위터에 대해) 누군가로부터 처음 듣는 불만은 언제나 이런 식이다. '왜 내가 이렇게 바보 같고 쓸모없는 걸 해야 하나? 내 동생이 점심으로 뭘 먹었는지 왜 알아야 하나?' 하지만 중요한 점을 놓치고 있다. 트위터는 근본적으로 메시지를 받는 사람 중심이라는 점이다. 사람들은 그 사람이 하는 말을 들을지 그만 들을지 선택할 수 있다. 또 무엇을 귀담아 듣고 무엇을 공유할지도 선택할 수 있다. 그러니 만약 당신이 키우는 식물에 대해 트위터에 올리고 언제 물을 줘야 하는지 알린다면, 그것도 트위터를 잘 활용한 거다. 만약 당신이 점심으로 뭘 먹었는지 올려도, 그것도 제대로 활용한 게 맞다."

할지 분명히 정할 필요가 생겼다. 그때까지 본사는 주로 성장을 허용하는 선에서 플랫폼을 유지하는 데에 초점을 맞추고 있었다. 하지만 혁신이 필요했다.

트위터는 또 나날이 늘어가는 스팸사기성 트윗에 대응해야 했다. 어떤 회사는 가짜 계정을 이용해 상품이나 서비스에 대해 반복적인 트윗'트윗토머셜(twitomercial)'이라고 한다을 내보내기도 했다. 빨리 돈을 버는 방법이라고 꾀거나 돈이 급히 필요한 가족이라고 속여 돈을 보내게 하기도 했다. 트위터가 인기를 얻음에 따라 이런 종류의 스팸이 시스템을 방해했다. 많은 사용자는 트위터가 사용자들을 위해 그리고 회사의 미래를 위해 좀더 조정을 해야 할 시기라고 느꼈다. 트위터는 외부에서 만들어지는 애플리케이션에 제한을 두고 자신이 통제하는 범위를 넓히는 한편, 투자자로부터 돈을 끌어오는 일도 잊지 않았다.

비즈니스 트윗

트위터는 기업가들과 마케팅 전문가들이 광고를 할 수 있는 장소가 되기도 했다. 제트 블루 항공과 같은 회사들은 상품을 팔고, 시장조사를 하고, 판촉 활동을 하며 고객 서비스를 제공하는 공간으로 활용했다. 사람들은 회사에 대한 불만을 제기할 수 있고, 몇 분만에 회사의 대표로부터 어떤 도움이나 해결책을 받을 수 있는지 대답을 들을 수 있다.

점점 많은 회사가 트위터에 가입하자 트위터 본사가 브랜드마다 서비스 이용료를 부과할 것이라는 소문이 돌았다. 회사들은 트위터를 떠나야 하는지 고민했고, 보통 이용자들도 돈을 내야 할까 봐 걱정했다. 하지만 트위터 설립자들은 사용자들에게 돈을 받을 의도가 없음을 분명히 했다. 그들은 미래의 수익은 이미 있는 서비스의 요금이 아니라 광고 서비스에서 나올 것이라고 말했다.

트위터 자료화(아카이빙)

2010년 4월, 미국 의회 도서관의 발표 덕분에 트위터는 더 중요해졌다. 2006년 3월 트위터가 출범한 직후부터 만들어진 모든 트윗 문장을 수집해 자료화 하기로 했기 때문이다. 의회 도서관은 수십억 개에 달하는 트윗 문장이 문서화할 필요가 있으며, 역사적으로 중요하다고 보았다. 일부 사용자들은 자신들의 트윗 문장이 자신의 허락 없이 자료화 될까 봐 우려를 표시하기도 했다. 하지만 의회 도서관의 홍보담당관인 매트 레이먼드는 트윗 문장은 단지 학문적인 목적으로만 사용될 거라고 분명히 말했다. 그는 사용자가 계정을 '비밀'로 설정해 두지 않는 이상, 트윗 문장은 이미 어떤 경우든 대중에게 공개돼 있다고 지적했다.

트위터의 미래

기능을 외부에서 자유롭게 만들 수 있도록 허용한 개방성 덕분에 트위터는 페이스북이나 마이스페이스와 같은 다른 소셜 네트워크 시스템보다 빠르게 진화해 왔다. 트위터는 더 새로운 서비스를 추가하고 싶어한다. 스티븐 레비는 이렇게 말했다.

브라우저나 문자 시스템에 아예 트위터 기능을 넣은 휴대전화를 팔도록 할 예정입니다. 그러면 세계적으로 사용자들이 더 늘겠죠. …… 트위터의 콘텐츠를 당신 생활과 관련된 모든 기기, 예를 들어 라디오나 게임기 사이에서도 주고받을 수 있게 하고 싶어요.

한때 널리 유행했다가 사용자들을 다른 새로운 대상에게 뺏겨 버리는 소셜 네트워크 서비스들이 있었듯, 트위터도 인기를 유지하고 성장하기 위해 노력해야 할 것이다. 그러나 트위터의 장점은 많은 사용자가 트위터 서비스가 발전할 수 있도록 활발히 돕는다는 점이다. 레비가 말했듯, "트위터의 힘은 수천이나 되는 사람들이 트위터를 만들고, 또 다시 만든다는 데에 있다."

캘리포니아 주 샌프란시스코에 있는 트위터 본사

10

소셜 네트워크와 사회

소셜 네트워크는 특히 십대와 젊은 성인들을 중심으로 빠르게 대중화된 의사소통 수단이다. 이전 세대의 십대들은 친구들과 연락을 주고받기 위해 주로 전화에 의존했다. 하지만 오늘날의 십대들은 휴대전화를 사용할 수 있고 인스턴트 메신저와 문자 메시지를 쓸 수 있으며, 소셜 네트워크를 이용해 항상 친구들과 서로 연결해 있다. 그러나 소셜 네트워크에도 긍정적인 면과 부정적인 면이 있

버락 오바마 미국 대통령은 선거 운동에 소셜 네트워크의 힘을 매우 활용했다.

다. 어떤 것이 있을까? 그리고 소셜 네트워크는 어떻게 사회를 바꿨을까?

무제한의 교류

소셜 네트워크의 가장 흥미로운 모습 중 하나는 학교나 교회, 이웃, 직장 등 전통적인 경계 밖에 있는 사람과 만나고 교류하는 데 제한을 거의 없었다는 점이다. 소셜 네트워크 사이트에서는 쉽게 사람들과 친구가 된다. 이 덕분에 친구의 친구와 연결되고, 관계망이 전통적인 방법보다 잘 형성된다. 소셜 네트워크 사이트는 이메일이나 기존의 전자 게시판에 비해 직접 만나는 것과 비슷하고, 점점 더 비슷해져 간다. 그래서 사람들은 더 자연스럽게 소통할 수 있다.

소셜 네트워크 사이트는 공통의 이유를 위해 모일 때 유리하다. 버락 오바마 미국 대통령은 2008년 선거 때, 지역의 선거 운동을 조직하고 자금을 모으며, 부정적인 소문에 대처하고 지지를 호소하기 위해 페이스북과 마이스페이스를 활용했다. 데이비드 카는 《뉴욕타임스》에서 이렇게 말했다. "오바마는 웹을 이용하면 더 저렴한 비용으로 정치 브랜드를 구축할 수 있고, 연대감과 참여 의식도 높일 수 있다는 사실을 알았다." 소셜 네트워크도 사용자들은 공동의 이유나 화제에 더욱더 잘 단합할 수 있게 됐다.

어두운 측면

소셜 네트워크가 사회의 큰 부분을 차지하면서 부정적인 면도 많이 생겨났다. 소셜 네트워크를 가장 열심히 이용하는 사용자인 십대들에게 컴퓨터 속의 관계는 전혀 새로운 형태의 괴로움을 안겨줬다. 괴롭힘, 모욕, 위협이 온라인에서 하루 24시간, 일주일 내내 나타날 수 있다. 이런 사이버 괴롭힘은 십대들을 자주 절망에 빠뜨리고, 자살로 이끈다. 매사추세츠 주에 사는 한 15세 소녀는 현실에서는 물론, 페이스북을 통해서도 잔인한 괴롭힘을 당한 끝에 2010년 1월 스스로 목숨을 끊었다.

소셜 네트워크의 또 다른 위험은 사용자들이 정확히 누가 자신의 개인 정보를 온라인에서 보고 있는지 확실히 알 수 없다는 점이다. 어떤 대학 입학처 사람들은 학생을 받아들일지 결정하기 위해 일상적으로 온라인 프로필을 확인한다. 많은 회사의 고용주들도 지원자를 고용할지 결정하기 위해 이와 같은 일을 한다.

대학의 연구원인 캐롤린 액스텔은 "온라인에서 자신을 드러내는 것은 문제가 될 수 있다. 보거나 듣지 못하기 때문에, 사람들은 유쾌하지 않은 방식으로 스스로를 드러내곤 한다"고 말했다. 별생각 없이 소셜 네트워크 사이트에 올린 글이 그 사람 또는 사용자, 주제에 대해 정보를 찾던 사람에게 부정적인 인상을 줄 수도 있다.

아마 온라인 소셜 네트워크 서비스의 가장 어두운 측면은 성범죄자들이 청소년 희생자들을 찾을 기회가 늘어났다는 점일 것이다. 위험이 대중매체에 의해 과장됐다고 해도, 온라인 성범죄자들은 여전히 다른 사용자들에게 위험 요소이다. 성인 범죄자들은 가짜 프로필을 만들 수 있다. 그들은 십대들과 친구가 된 뒤 개인적으로 만나자고 유혹할 수 있다. 미국 국립 실종 및 착취 아동 센터 웹 사이트가 온라인에서 많은 시간을 보내는 십대들을 대상으로 한 설문조사에 따르면, 전체의 14%가 인터넷에서 만난 사람과 직접 만난 적이 있다. 십대들은 자신을 성폭력이나 심지어 살인으로 이끌 수 있는 낯선 사람들과의 만남에 주의해야 한다.

소셜 네트워크 사이트의 사용자들 중 특히 어른들은 옛 친구나 이전 연애 관계 때문에 위험에 빠질 수 있다는 사실을 알아야 한다. 옛 사랑과 다시 연락이 닿게 돼 현재의 연인이나 배우자의 질투를 유발할 수도 있고, 심지어 헤어질 수도 있다. 작가 엠마 저스티스는 "살다 보면 이해관계나 환경의 변화에 따라 연락을 안 하게 되는 것이 정상이다. 하지만 페이스북은 '우정의 자연스러운 밀물과 썰물'마저 바꾸고 있다"고 말했다.

페이스북에 십대들이 늘고 있다

2010년 퓨Pew 연구센터가 895명의 과학기술 전문가와 사용자를 대상으로 소셜 네트워크가 자라나는 청소년에게 어떤 영향을 미치고, 프라이버시에 대한 태도에는 어떤 변화를 가져왔는지 의견을 물었다. 이 조사에서는 67%가 아래 문장에 동의했다.

"2020년까지, Y세대에 속하는 사람들은 사회적, 경제적, 정치적 이점을 얻으려고 다른 사람들과 연결된 상태를 유지하고 싶어할 것이며, 이를 위해 자신의 개인 정보의 상당수를 계속 노출할 것이다. 그들이 성인이 되고 가정을 이루고 더 중요한 임무를 맡게 되더라도, 정보를 널리 공유하고자 하는 열정은 계속될 것이다."

하지만, 거의 30%에 이르는 나머지는 이 문장에 동의하지 않았다. 그들은 청소년들도 자라면서 온라인상에서 개인 정보를 덜 올리게 될 것으로 내다봤다. 책임과 생활의 변화가 생겨 나면 생각이 바뀌어 사생활을 더욱 주의 깊게 보호하도록 행동할 것이기 때문이다.

소셜 네트워크의 미래

마이스페이스와 페이스북의 인기가 한 단계 떨어지자, 일부 전문가들은 많은 사람이 소셜 미디어에 대해 피로감을 느꼈기 때문에 나타난 현상이라고 했다. 심지어 광고를 하고 새로운 고객을 찾기 위해 소셜 미디어 사이트를 이용하는 비즈니스 영역에서도 전통적인 면대면 교류나 인쇄 매체 쪽으로 돌아서고 있다. 대부분의 분석가들은 유동성이 있지만, 사회적으로나 사업적으로 소셜 네트워크가 계속 중요한 위치를 차지할 것이라고 생각한다. 구글의 모금회 이사인 램 시럼은 "소셜사회적인 특성과 모바일이동성의 결합, 여기에 사용자의 증가라는 또 하나의 기회가 파도처럼 몰려오고 있다. 모바일 인터넷은 틀림없이 컴퓨터 업계의 또 다른 큰 흐름이 될 것이다. 페이스북은 새로운 세대의 이메일을 대체하게 될 것이다"고 말했다.

궁극적으로 소셜 네트워크는 관계를 어떻게 찾고 활용하느냐를 다루고 있다. 잡지《PC월드》의 리사 후버는 '소셜 네트워크가 어떻게 세상을 바꾸는가'라는 기사에서 이렇게 말하고 있다.

소셜 네트워크 도구는 이제 시작이다. 다른 사람을 찾고 서로 교류하기 위해 이전에는 상상하지 못했던 방법으로 우리를 이끈다. 하지만 무슨 일이 일어나든 우리는 이것을 쉽게 버리지 못할 것이다. 소셜 네트워크는 우리를 흥미로운 곳으로 데려간다. 우리는 이것이 남긴 점점 희미해지는 경계를 어떻게 다뤄야 할 것인지 연구해야 한다. 이는 우리의 사회 규범을 다시 써야 한다는 뜻이다.

소셜 네트워크 사이트는 전 세계 사람들의 삶에 큰 영향을 끼쳤다.

소셜 네트워크의 역사 ^{1965~2010}

1965
12월

크리스 드월프가
오리건 주 포틀랜드
에서 태어났다.

1970
11월 8일

톰 앤더슨이
캘리포니아 주
에스콘디도에서
태어났다.

1976
11월 19일

잭 도어시가 미주리 주
세인트 루이스에서
태어났다.

1999

라이브저널이
서비스에 들어갔다.

2001

크리스 드월프와
톰 앤더슨이
엑스드라이브 사에서
만났다.

2002

프렌드스터가
인터넷에 등장했다.

1980년대

컴퓨터 사용자들은 전자 게시판을 통해 교류하고 있었다.

1984
5월 14일

마크 주커버그가 뉴욕 주 화이트플레인에서 태어났다.

1997

소셜 네트워크라고 부를 만한 첫 번째 서비스인 '식스디그리' 가 서비스를 시작했다.

2003
8월 15일

마이스페이스가 인터넷에 등장했다.

2003
10월

마크 주커버그가 하버드 대학교 기숙사에서 페이스북의 첫 번째 버전인 페이스매시를 만들었다.

2004
2월 4일

마크 주커버그와 하버드 대학교 출신 몇 명이 페이스북을 탄생시켰다.

2004
9월 2일

하버드 커넥트유 사이트 제작자들이 페이스북과 마크 주커버그를 고소했다.

2005
7월

루퍼트 머독의 회사 뉴스 코퍼레이션이 마이스페이스를 사들였다.

2006
3월 21일

트위터의 첫 번째 버전이 출범했다.

2009

크리스 드월프가 마이스페이스 CEO 자리에서 물러났다.

2009

≪타임≫지가 트위터의 창업자 세 명을 '세계에서 가장 영향력 있는 100명'으로 꼽았다.

2007
10월

마이크로소프트 사가
페이스북에 2억 4000만
달러를 투자했다.

2007
11월 2일

페이스북이 비컨
서비스를 시작했지만,
사용자들의 거센
항의를 받았다.

2008

커넥트유가
페이스북을 대상으로
낸 법정 사건의 판결이
나왔다.

2010

트위터 사용자가 1500만
명을 넘어섰다.

2010

페이스북 사용자가
5억 명을 넘었다.

2010
10월

페이스북 설립에
대한 이야기를 다룬
영화 「소셜 네트워크」
가 개봉했다.